中国学生成长速读书

总策划／邢涛　主编／龚勋

游遍中国

（中国学生最想去的100个最美的地方）

U0695616

汕头大学出版社

游遍中国·中国学生最想去的100个最美的地方

THE GUIDING TOUR AROUND WHOLE CHINA

FOREWORD

前言

　　中国地大物博、幅员辽阔、山川壮丽，拥有许多闻名世界的自然景观。悠久的历史，众多的文明古迹，又为其壮丽山河增添了一种古雅的神韵。对于同学们来说，一定有畅游祖国大好河山的梦想，但却因为时间和空间的限制，总不能如愿吧。基于此，我们编写了这本《游遍中国·中国学生最想去的100个最美的地方》，让同学们对祖国的大好河山有一个深入的了解。

　　本书汇集了中国大部分省、自治区、直辖市以及台湾地区的经典景区、景点和大量最新开发的旅游景观，分为华北、东北、西北、华东、华中、西南、华南七个地区来介绍，囊括了巧夺天工的历代建筑、历史悠久的文明古迹、瑰丽神奇的山水胜景等等。其中有北京故宫、沈阳故宫、颐和园、北京北海、承德避暑山庄等皇家建筑及园林，有古格王国遗址、高昌古城等古城遗址，有布达拉宫、长城、曲阜孔庙、苏州古典园林等世界文化遗产，有泰山、庐山、峨眉山、九寨沟、黄果树大瀑布、桂林山水等世界自然奇观，还有上海金茂大厦、重庆人民大礼堂等现代化的雄伟建筑……

　　每一处景点都经过我们的精心挑选，具有极高的欣赏价值，让同学们足不出户便可领略祖国壮美的山河和璀璨的历史文化，了解全国的民风民俗、历史文化、发展概况等等。书中的语言简洁生动，内容翔实严谨，既有大量实景照片，又有根据历史资料精心绘制的插图，形成了本书独有的特色，可令同学们有眼界大开、赏心悦目之感。

　　就让我们赶快翻阅本书，轻轻松松地畅游祖国的大江南北吧！

如何使用本书

　　为了方便同学们的阅读，我们首先对《游遍中国·中国学生最想去的100个最美的地方》的使用方法做简单的介绍：本书囊括了中国大多数省市及地区的旅游知识，分华北、东北、西北、华东、华中、西南、华南七个地区来介绍，将各地风景名胜、人文景观、民风民俗、城市概况等融为一炉，在同一篇章内，又以省份（或自治区、直辖市，下同）为单位，重点介绍各地的主要风景。本书语言简洁生动，内容翔实，图文并茂，可令读者有眼界大开、赏心悦目之感。

书眉
　　双页书眉标有本书的中文书名，单页书眉提示省份名称。

主标题
　　提供每个单元省份的名称。

主标题文字
　　对主标题的简要介绍，风格轻松活泼，引人入胜。

小资料
　　"档案馆"，分为"简称"、"省会（自治区首府）"、"面积"、"人口"、"民族"五项内容，列出了这个省份的基本数据。

图片
　　图片展示了各省份的代表建筑、人物、风景等等。

山东 | Shandong

　　山东人杰地灵，名人辈出，素有"孔孟之乡、礼仪之邦"的美誉。省内山川壮丽，资源丰富，东部海岸线绵长，拥有众多旅游胜地。

地理位置

　　山东省位于黄河下游，东隔渤海、黄海与朝鲜半岛、日本列岛相望，西北紧邻河北省，西南与河南省交接，南与安徽省、江苏省毗邻。省内主要地形为山地、丘陵、平原，中部的泰山海拔1545米，是全省最高点；东北部山东半岛环抱渤海湾，与辽东半岛相对。

青岛栈桥远眺

档案馆	
简　称	鲁
省　会	济南
面　积	15.67万平方千米
人　口	9248万（2005年统计）
民　族	汉、回、满、蒙古等

行政区划

　　山东省下辖济南、青岛、淄博、枣庄、东营、烟台、潍坊、青州、济宁、泰安、威海、日照、莱芜、临沂、德州、聊城、菏泽17个地级市；49个市辖区；31个县级市；60个县。济南市为山东省省会。

山东名城——青岛

图片

反映本章特色的大幅插图，传递一个地区的自然与人文特征。

篇章页

介绍本章主要内容，方便读者准确了解这一章所要讲述的知识。

THE GUIDING
TOUR AROUND WHOLE
CHINA

第六章
西南地区

山东 | 63

山东美食

山东菜又名鲁菜，历史悠久，影响广泛，是中国四大菜系之一。山东菜主要由济南菜、胶东菜和孔府菜组成，总的特点是鲜咸脆嫩。其中济南菜刀工精细，尤以煲汤闻名；胶东菜以烹制海鲜为主，口味清淡、鲜嫩；而著名的孔府菜用料则非常广泛。此外，山东青岛啤酒是中国的名牌酒品，享誉中外。

青岛啤酒驰名中外。

孔子

名人堂

孔子（公元前551年－前479年）：名丘，字仲尼，鲁国陬邑（今山东省曲阜市）人。孔子是春秋时期伟大的思想家、教育家、政治家，他以"仁爱"、"礼义"为根本，形成独特的思想体系，创建了儒家学派，对中国两千多年来的社会思想产生了深远的影响。

孟子

名人故乡

山东省风光秀丽，历史悠久，被称为"齐鲁之邦"。早在四五万年前，古人类"沂源人"就在山东繁衍生息。春秋战国时期，以孔子为创始人和代表的儒学思想，成为东方传统文化的主体。除孔子以外，山东省历史上还出现了孟子、墨子、管子、孙武、孙膑、辛弃疾、李清照、王羲之、颜真卿等一大批历史名人，可谓人杰地灵。

独具特色的秧歌文化

山东秧歌具有浓厚的民族特色，堪称民间艺术的奇葩。山东秧歌种类繁多，主要有地秧歌、寸秧歌、跷秧歌三种。其中地秧歌风格粗犷奔放，广受喜爱；寸秧歌本为小脚女人所表演，后逐渐转化为地秧歌；跷秧歌融合了踩高跷艺术，形式活泼。山东秧歌因其突出的文化和娱乐价值，一直广为流传。

青岛民居

手绘图

手绘图根据历史故事绘制，生动活泼。

"名人堂"

是对这个省份出现的著名人物的生平介绍。

辅标题

与主标题内容相关的地理位置、民风民俗、旅游景点等内容的名称。

辅标题文字

辅标题文字主要介绍省份的地理位置、行政区划、风味美食、文化传统、民俗节日和旅游景点，有助于读者全面了解该省份的概况。

图名

简洁明了地阐述图片内容。

目 录
CONTENTS

Part 1 North China
第一章 华北地区

华北地区幅员辽阔，历史悠久，自古以来就是中国
的政治、军事要地。

Part 2 Northeast
第二章 东北地区

东北地区气候独特，冰雪资源丰富，冰雕、冰灯
节享誉世界。

Part 3 Northwest
第三章 西北地区

西北地区地广人稀，历史悠久，古迹众多，记录
着众多文明古国的遗迹。

Part 4 East China
第四章 华东地区

华东地区历史悠久，旅游资源丰富，拥有许多重点旅游城市。

Part 5 Central China
第五章 华中地区

华中地区土地资源丰富，物产富饶，区内有三大省份是"鱼米之乡"。

Part 6 Southwest
第六章 西南地区

西南地区地形独特，平均海拔较高，境内多高山大河，景色壮观。

Part 7 South China
第七章 华南地区

华南地区地理位置优越，气候宜人，海岸线绵长，拥有众多海滨胜景。

THE GUIDING
TOUR AROUND WHOLE
CHINA

游遍中国·中国学生最想去的100个最美的地方

第一章
华北地区

　　华北地区包括北京市、天津市、河北省、山西省和内蒙古自治区。区内包括丘陵、平原、山地三个地形带，属典型的暖温带大陆性季风气候。华北地区地域广博，物产丰富，是中国煤炭资源最丰富的地区，区内有丰富的石油、天然气。此地区还盛产小麦、棉花等农作物，为北方地区重要的粮食供应产地。区内工农业比较发达，工矿企业众多，冶铁业、纺织业、煤炭业发达，是中国最大的能源工业基地、重要的钢铁基地和棉花基地。此外，这里还有中国最早修建的几条铁路和绵长的海岸线，天津港、秦皇岛等优良海港也为华北地区的交通提供了便捷的条件，使华北地区具有极其重要的战略地位。

北京 | Beijing

> 北京是中国的首都，也是中国第二大城市，中国四大古都之一。它不仅是中国的政治和文化中心，也是全国主要的工商业城市、交通枢纽之一。

地理位置

北京市位于中国北部地区，华北平原北侧边缘，除东南部与天津市交接外，其余部分皆被河北省环绕。北京市北部是燕山山脉，西部是太行山脉，南面是华北大平原，东距渤海湾130千米。市区内的主要河流有永定河、潮白河、温榆河等。

北京夜景

北京天安门广场

北京市景

行政区划

北京市共辖16个区2个县。16个区即东城区、西城区、崇文区、宣武区、朝阳区、海淀区、丰台区、石景山区、门头沟区、房山区、通州区、顺义区、昌平区、大兴区、怀柔区、平谷区，2个县即密云县、延庆县。北京市总面积为16410平方千米。

档案馆	
简　　称	京
面　　积	16410平方千米
常住人口	1538万（2005年统计）
民　　族	汉、满、蒙古、藏等

美食集锦

北京菜由具有北京风味的山东菜、民族清真菜和官廷菜三种风味菜肴组成。其产生的历史并不久远，但在全国乃至世界各地都享有盛誉。北京的特色菜有北京烤鸭、烤肉、涮羊肉、醋椒鱼、白煮肉、酱爆鸡丁等。此外，北京小吃众多，如冰糖葫芦、驴打滚、糖耳朵、果脯等，闻名中外。

北京涮羊肉很有名。

明成祖朱棣

时空隧道

明成祖朱棣登基时，都城建在南京，而当时北平的地理位置十分优越，明成祖于是决定将都城迁到北平。经过一段时间的建设，北平逐渐发展为一个大都市。明成祖于登基五个月后将都城迁到北平，定北平为北京，并建造了雄伟的紫禁城。

包容性极强的城市

北京市是中国思想传播最为活跃、最多元化的城市，包容性极强。北京城内高校众多，研究所林立，信息来源丰富，各种沙龙和文化小圈子层出不穷。各种思想的代表人物，几乎都可以在北京这个文化大熔炉中找到自己的归宿并自得其乐。

老北京过年的习俗

春节，俗称"过年"，在老北京过春节，从腊月初八开始，到正月十五上元节才算结束。北京人过春节有着独特的习俗。诸如：二十三糖瓜粘、二十四扫房子、二十五磨麦子、二十六去割肉、二十七写对子、二十八贴窗花、二十九蒸馒头、三十晚上熬一宿、大年初一三叩首等。可谓花样百出，热闹非凡。

北京是一个多元化的城市。

北京故宫

古代皇帝居住的地方

故宫位于北京市中心，旧称紫禁城，曾是明清两代的皇宫。它始建于1406年，是世界上规模最大、保存最完整的宫殿建筑群。宫殿的建筑布局有外朝、内廷之分。外朝以太和殿、中和殿、保和殿为中心，是皇帝处理国家大事、举行盛大仪式的地方。内廷以乾清宫、交泰殿、坤宁宫为中心，是皇帝与后妃日常居住的场所。

北京的标志

天安门始建于1417年，曾是明清两代皇城的正门，旧称"承天门"。它位于北京市中心，前临开阔的天安门广场，背后是明清两代皇帝居住的紫禁城，城楼前有一条弯弯的金水河，河上建有石桥。天安门城楼的正中悬挂着毛泽东主席的头像。新中国成立后，天安门城楼经过4次较大的修缮，面貌焕然一新，已成为北京市的标志。

天安门曾是明清两代皇城的正门。

北京老字号商业街的聚集地

前门地区位于崇文区西北部，区内辖68条街巷，是北京老字号商业街的聚集地，其中前门大街、前门东大街、广安大街等为辖区内重点大街，全国最长的步行街——北京大都市街也位于此地。商业街上商家云集，如全聚德烤鸭店、长春堂药店、一条龙饭庄、月盛斋酱牛肉店等老字号都在此落户。

北京前门

世界建筑艺术的珍贵遗产

天坛位于北京天安门东南，始建于1420年，原是明清两代皇帝祭祀天地之神的地方。天坛的主体建筑是祈年殿，是皇帝在这里举行祭天仪式，祈祷风调雨顺、五谷丰登的地方。天坛规模宏伟、富丽堂皇，以严谨的规划布局、奇特的建筑结构、瑰丽的建筑装饰著称于世，是世界建筑艺术的珍贵遗产。

北京天坛祈年殿

中国最大的古代园林

颐和园位于北京市西郊，原是清代的皇家园林，可分为宫廷区、万寿山和昆明湖三大部分。园内拥有亭、台、楼、阁等三千余间，其中佛香阁、长廊、石舫、苏州街、十七孔桥、谐趣园、大戏台等都已成为北京市园林的代表性建筑。1998年，颐和园以其丰厚的历史文化积淀、优美的自然景观被联合国教科文组织列入《世界文化与自然遗产名录》。

颐和园曾是清代的皇家园林。

圆明园内如今只剩下一片废墟，供人凭吊。

昔日的"万园之园"

圆明园位于北京市西郊，原为清代一座大型的皇家御苑，由圆明、长春、绮春三园组成。圆明园曾是一座珍宝馆，里面藏有名人字画、钟鼎宝器、金银珠宝等稀世文物，并植有许多奇花异木，被誉为"万园之园"。1900年八国联军入侵中国时，洗劫并焚毁了圆明园，如今只剩一片废墟供人凭吊。

风格独特的雍和宫

雍和宫位于北京市安定门内雍和宫大街，清军入关后，康熙帝在此建造府邸，赐予四子雍亲王，称雍亲王府。1725年，雍亲王府被改为行宫，称雍和宫。雍和宫南北长400米，融汉、满、蒙古、藏等族的多种建筑艺术为一体。整座建筑规模宏大、富丽堂皇、保存完美，珍藏的文物极其丰富。

北京雍和宫风格独特。

北京恭王府大戏台

皇家园林——景山

景山公园位于北京市南北中轴线的中心位置，原是元、明、清三代帝王的御苑。园内主要建筑有三座园门，即景山门、山左思门、山右里门；五座峰亭，自东向西依次为观妙亭、周赏亭、万春亭、富览亭、辑芳亭。此外还有祭祀孔子的绮望楼。

景山公园环境优美。

规模最大的王府花园

恭王府花园位于什刹海西侧的柳荫街，曾是晚清时期恭亲王的府第。它是北京市内数十座王府花园中规模最大，也是唯一一处以花园的名义开放的王府。全园有古建筑31处，面积4800平方米，布局分中、东、西三路。中路建筑是花园的主体，主要景观有独乐峰、海渡鹤桥、安善堂、滴翠岩、福字碑等。其中安善堂是一座宽敞的大厅，当年恭亲王曾在此设宴招待客人。东路主要建筑是大戏楼，是恭王府家眷观戏的地方。西路主要景观为湖心亭，是观赏、垂钓的好去处。

香山红叶非常迷人。

红叶似火的香山

香山又名静宜园，位于北京市海淀区西郊，是北京著名的森林公园。香山主要的景点有玉华山庄、碧云寺、香炉峰、双清别墅、西山晴雪、见心斋等，其中西山晴雪为"燕京八景"之一。香山上著名的景观还有红叶，每到秋天，漫山遍野的枫叶红得像火焰一样，分外迷人，吸引了众多游人前来参观。

中国现存历史最悠久皇家园林之一

北海公园位于北京市的中心，始建于明朝，距今已有近千年的历史，是中国现存历史最悠久、保存最完整的皇家园林之一。北海公园主要由琼华岛、团城、东岸、北岸景区组成，其中琼华岛是整个景区的中心，"琼岛春阴"是北海的著名景观，为燕京八景之一。北海公园的建筑博采各地园林建筑之长，兼有北方皇家园林的宏阔气势和江南私家园林婉约多姿的风韵，是中国园林艺术的瑰宝。

北海风姿绰约。

老北京最美的地方

什刹海位于北京北海公园后门，景区包括前海、后海、西海及其周边景物，风景迷人，被誉为"老北京最美的地方"。景区内有许多古建筑，包括恭王府花园、宋庆龄故居、郭沫若纪念馆、钟鼓楼等。夏天，人们可以乘船在水上游玩，冬天可以溜冰。在这里，人们不仅可以欣赏美景，还能了解到北京的民风民俗。

什刹海被誉为"老北京最美的地方"。

中国重要的标志性建筑之一

人民大会堂位于北京市天安门广场西侧，是中国国家领导人举行政治、外交活动的场所，也是中国重要的标志性建筑之一。人民大会堂正门面对天安门广场，正门顶上镶嵌着国徽，进门便是典雅朴素的中央大厅。在建筑风格上，人民大会堂不仅保留了中国传统的设计理念，还汲取了国外的建筑精华，布置大方雅致，极具特色。

人民大会堂

北京世界公园是亚洲大比例微缩主题公园之一。

毛主席长眠的地方

毛主席纪念堂位于天安门广场南端，建成于1977年。纪念堂是一幢正方形二层小楼，高33.6米，坐南朝北。正门上方镶嵌着"毛主席纪念堂"汉白玉金字匾额。纪念堂现有10个厅室对外开放，其核心部分为瞻仰厅。大厅正中的水晶棺内，安放着毛主席的遗体，遗体身着灰色中山装，上面覆盖着鲜红色的党旗。

一日游遍世界的地方

北京世界公园位于丰台区西南，于1993年正式对外开放，是亚洲大比例微缩主题公园之一。它汇集了世界上近五十个国家的110处人文和自然景观，大部分景观皆按1∶10的比例进行缩建。园内主要景点有：法国埃菲尔铁塔、美国白宫、林肯纪念堂、莫斯科红场、埃及金字塔等。在这里，人们可以实现一日游遍世界的梦想。

毛主席纪念堂位于北京市中心的天安门广场南端。

56个民族的博物馆

中华民族园位于北四环路亚运村西侧，是一座集中了全国各民族传统建筑、风俗民情、歌舞表演、工艺制作、民族美食以及收藏陈列于一体，全方位展现中华各民族风情的大型综合性博物馆。该园集民族村寨约四十个，全部建筑都以1：1的比例建造，展现了少数民族独特的建筑风格。

中华民族园展示了约四十个民族村寨。

收藏中国历史的博物馆

中国国家博物馆

中国国家博物馆位于北京天安门广场东侧，是国家重要的文物收藏机构，收藏文物共计三十二万多件。其中有河南安阳出土的重达875千克的商代司母戊鼎，是现今发现的最重、最大的青铜器；陕西眉县出土的西周盂鼎，刻有铭文291字；北京房山出土的元代至顺三年的铜铳，是已发现的世界上最古老的火炮。此外还有宋至清代的珍贵字画，皆具有极高的收藏价值。

北京最早成为公园的皇家园林之一

中山公园位于天安门西侧，与故宫仅一墙之隔。它原是明清两代的社稷坛，1914年开辟为中央公园，是北京最早开辟为公园的皇家园林之一。中山公园除保留社稷坛外，还先后营造了松柏交翠亭、格言亭、蕙芳园等景观，并把习礼亭、兰亭八柱亭、保卫和平坊及河北大名古刹的宋代石狮移入园中。1988年，中山公园被国务院列为"全国重点文物保护单位"。

中山公园

雄伟的万里长城是中
华民族的象征。

中华民族的象征

　　雄伟壮观的万里长城是人类建筑史上罕见的古代军事防御工程，是中华民族的象征。其中北京境内的长城位于密云县、怀柔区、平谷区、延庆县、昌平区、门头沟区境内，全长629千米。长城修筑在崇山峻岭上，全线共有城台八百余座，沿线的著名景点有八达岭、慕田峪、司马台等，其中许多景点已成为举世闻名的旅游胜地。

世界上埋葬皇帝最多的墓葬群

　　明十三陵位于北京市昌平区天寿山麓，是世界上保存较为完整、埋葬皇帝最多的墓葬群。陵区面积为120平方千米，各陵均依山面水而建，布局庄重和谐。其中明成祖朱棣的长陵建于1409年，位于天寿山主峰前，被誉为"陵区第一陵"。1961年，明十三陵被国务院列为"全国重点文物保护单位"。

大钟寺因寺内大
钟殿悬有一口大
铜钟而得名。

明十三陵

中国古钟博物馆

　　大钟寺位于北京市海淀区，因寺内大钟殿悬有一口大铜钟而得名。寺内专门收藏各类古钟和新型铜钟，故有"中国古钟博物馆"之称。大铜钟铸于明朝永乐年间，高6.94米，重达46500千克。钟身铸有佛教经文17种，相传为明朝书法家沈度的手笔。永乐大钟以悠久的历史、精美的铸造工艺驰名中外，享有"钟王"之誉。

北京卧佛寺

卧佛寺

卧佛寺位于北京西山余脉，寿安山南麓，创建于唐朝贞观初年（公元627年）。寺内古树参天，环境清幽，是"北京市重点文物保护单位"。寺内主要建筑有琉璃牌坊、山门殿、天王殿、三世佛殿、卧佛殿等。其中卧佛殿内有一尊铜铸释迦牟尼卧像，身长5.3米，体态自然，铸造精致。

古人类留下的痕迹

周口店北京人遗址位于北京市房山区境内的周口店镇，距市区50千米。它是世界上保存古人类化石最丰富的遗址，遗址内发掘的北京人头盖骨和大量用火证据，为研究人类进化提供了有力的实证。遗址主要景观有北京人遗址博物馆、猿人洞、山顶洞、田园洞及各类展馆等。1961年，周口店北京人遗址被列为"全国重点文物保护单位"。

北京周口店猿人洞

北京胡同建筑

抗日战争纪念地

卢沟桥位于北京市西南郊的永定河上，始建于1189年，是北京现存最古老的联拱石桥。卢沟桥全长266.5米，桥身全部采用坚硬的花岗岩建成。桥的两侧有281根望柱，每根望柱上都雕有石狮，形态各异，被誉为卢沟桥石雕艺术中的精品。1937年7月7日，日军炮轰卢沟桥，成为抗日战争全面爆发的开端。如今，桥上的弹痕依稀可见。

北京胡同

北京胡同是"京味儿"文化的典型代表之一。过去的北京城遍布胡同，曾有"有名的胡同三百六，无名的胡同似牛毛"这样一句俗语。据统计，北京曾有胡同六千多条，若把这些胡同连接起来，长度不亚于万里长城。

卢沟桥是北京现存最古老的联拱石桥。

天津 | Tianjin

天津是一座历史文化名城，它景色优美、物产丰富，拥有众多历史遗迹，民风淳朴，是一座极具旅游价值的城市。

"九河下梢"

天津市位于华北平原东北部，海河流域下游，东临渤海，北依燕山，西靠首都北京。地势北高南低，多山地、丘陵和平原。此外，天津正处于海河五大支流的汇合处及其入海口，素有"九河下梢"、"河海要冲"之称。

天津风光

档案馆	
简　称	津
面　积	1.1万平方千米
常住人口	1043万（2005年统计）
民　族	汉、回、蒙古等

行政区划

天津市是中国四个直辖市之一。全市辖15个市辖区、3个县。其中市辖区有和平区、河东区、河西区、南开区、河北区、红桥区、塘沽区、汉沽区、大港区等；3个县包括静海县、宁河县、蓟县。

天津城市雕塑

天津体育馆

十八街麻花

十八街麻花是津门食品三绝之一，制作考究、料精货实。每个麻花中都夹有由桃仁、青梅、桂花等十几种配料配制成的什锦馅酥条，再和麻条、白条拧成花，用花生油微火炸透，出锅后放上冰糖和青红丝。十八街麻花的特点是香甜、酥脆，放置数月不变质。

天津十八街麻花

赵普

名人堂

赵普（公元922年～992年）：赵普祖籍天津，是宋朝著名的宰相。从宋太祖取得政权开始到平定南方，赵普都是主要的谋士，立了不少大功。赵普虽然读书不多，但在处理国事时却显露出惊人的才干，后世一直流传他"半部《论语》治天下"的故事。

瑰丽的泥塑艺术

天津泥人张彩塑是发源于清朝道光年间的一种民间艺术，由天津民间艺术家张明山先生创始，历经四代流传，至今已有一百八十多年的历史。泥人张彩塑造型栩栩如生，生动有趣，能真实地刻画出人物的性格、心理，细节取舍得当，色彩独特。

天津建筑

天津是中国历史上的重要港口，在中国近代史上，天津曾被多国划为租界，因此拥有许多独具异域特色的建筑，其中又以一宫地区的意大利租界内的建筑最为典型，保存得也较完整。它是目前国内最大的意大利建筑群落，体现了浓郁的意大利风情。

美食宫殿

南市食品街坐落在市中心繁华区南市，是一组传统宫城式建筑群。街内有百余家酒楼、餐馆、风味小吃店和特色食品店，汇集了全国各地著名的美味佳肴。其中既有川、鲁、粤、湘、苏、浙等正宗大菜，也有极具民族特色的风味小吃。此外，南市食品街建筑别具一格，具有浓郁的民族特色，整条食品街像一组宫殿群，显得古朴庄严。

南市食品街入口

大沽口炮台

大沽口炮台位于天津市东南90千米处的塘沽区，地处海河与渤海的交汇处，修建于明代。这里曾有5座炮台，分别以"威、镇、海、门、高"命名，每座炮台都放置了3门大炮，现在只有"海"字炮台保存完好。1997年，天津市人民政府在原"威"字炮台遗址处修建了大沽口炮台遗址纪念馆。

大沽口炮台

海河公园位于海河岸边。

拥有水廊瀑布的海河公园

海河公园位于海河两岸，分为文物园林、广场园林、中心园林和文化园林等区域。园内森林资源丰富，雪松、云杉、黄杨、侧柏等树木常年青葱。园内主要景观有"涌春泉"水廊瀑布（宽75米）、"二龙戏珠"、"哪吒闹海"铜制雕塑等。公园在海河右岸还修建了青年园、草花园、春花园、月季园和秋景园等各种独具特色的园中之园，内有声控喷泉游乐场、滑冰场和水上俱乐部等游乐设施，可供游客休憩玩耍。

古香古色的文化街

　　文化街是指位于东马路和海河之间的仿古街区，包括天后宫、宫南大街以及宫北大街。街道以天后宫为中心，全长580米。街道两旁有近百家店铺，主要经营古旧书籍、民俗用品、传统手工艺品等，其中杨柳青年画、泥人张彩塑等著名老店都坐落在这里。

古色古香的文化街

天津是华北重要的商业中心和口岸城市。

置业乐土

　　凯旋门大厦坐落于河西区南京路与徐州道的交汇处，地处有"地王"美誉的小白楼地区，地上总高度为100米，主体建筑为地上31层，地下2层。大厦集写字间、公寓、商场为一体，布局合理、设施完备、功能齐全。其宜人的周边环境，促使国内外商家竞相入住。

"天津教案"的发生地

　　望海楼教堂位于河北区狮子林大街西北端，是天主教传入天津后建造的第一座教堂。19世纪末，传教士在天津欺压百姓，人们不堪忍受其恶行，于1870年6月放火焚烧了该教堂，这就是有名的"天津教案"。教堂于清光绪年间重建，为石基砖木结构，正面有三座塔楼，远望呈笔架形，为欧洲哥特式建筑风格。1988年，望海楼教堂被国务院列为"全国重点文物保护单位"。

天津港是中国最大的人工港口。

杨柳青年画

　　杨柳青年画是中国著名的民间木版年画，因发源于天津西青区的杨柳青镇而得名，与南方著名的苏州桃花坞年画并称为"南桃北柳"。杨柳青年画上的人物活灵活现，线条流畅，深受人们喜爱。年画《连年有余》就是其代表作。

内蒙古 | Neimenggu

内蒙古土地面积广阔，拥有茂密的森林、肥沃的农田、众多的野生动物和无穷的地下宝藏。草原、沙漠、湖泊及浓郁的民俗风情，构成了内蒙古独特的旅游景观。

高原地形

内蒙古位于中国北部边疆，地形狭长。它北与蒙古国和俄罗斯接壤，东、西、南面与黑龙江、吉林、辽宁、山西、河北、陕西、甘肃七省及宁夏回族自治区相邻。区内地形以高原为主，平均海拔在一千米以上。内蒙古高原包括整个内蒙古自治区及其北部其他省份的广大地区，面积一百多万平方千米，为中国第二大高原。

内蒙古坝上

内蒙古落日彩霞

行政区划

内蒙古自治区是中国第一个实行民族区域自治制度的省级自治区。全区设9个地级市、3个盟，其中地级市包括呼和浩特、包头、乌海、赤峰、通辽、鄂尔多斯和呼伦贝尔等市；3个盟包括兴安盟、锡林郭勒盟、阿拉善盟。地级市和盟下辖21个市辖区、11个县级市、17个县、49个旗、3个自治旗。呼和浩特市为内蒙古自治区首府。

档案馆	
简　　称	蒙
自治区首府	呼和浩特
面　　积	118.3万平方千米
人　　口	2386.4万（2005年统计）
民　　族	汉、蒙古、满、回、朝鲜等

野味十足的内蒙古餐饮

铁木真

内蒙古餐饮野味十足，风味独特。有狍子肉、山鸡肉、山野菜、野生蘑菇等佳肴，品种丰富。其中最具代表性的有烤全羊、手扒肉、烤羊腿、奶茶、奶皮子、奶豆腐、马奶酒、昭君酒等。

羊肉是内蒙古人钟爱的食品。

其中手扒肉和烤全羊最为出名，令人垂涎欲滴。烤全羊是内蒙古传统名菜，用整羊加调味品腌制后，入炉烤制而成，其色泽深红，肉嫩味鲜，是招待贵宾的重要菜品。手扒肉即手抓羊肉，也是蒙古族独具特色的食品。

名人堂

铁木真（1162年~1227年）：蒙古族酋长之子，父亲去世后，年轻的铁木真重建了部落，又陆续吞并蒙古其他各部，统一了蒙古。1206年，蒙古各部推举铁木真为全蒙古的大汗，尊号"成吉思汗"。成吉思汗即位后，四处征战，大力改革，使蒙古成为一个强大的帝国。

蒙古族的节日

蒙古族的重要传统节日有小年和大年。小年于农历腊月二十三日举行，讲究全家人在一起吃团圆饭，喝团圆酒；晚间送灶神时全家对着火焰向火神祈祷。蒙古族的"大年"即汉族的春节，年前宰杀牛羊，做新衣服，备好精美的食品。大年三十晚上，全家围坐在摆满肉食、奶食、美酒的桌旁"守岁"。蒙古人过大年要拜两次年，腊月三十晚上为辞旧岁拜一次，正月初一为迎新春再拜一次。

蒙古族少女

独特的内蒙古手工艺品

内蒙古手工艺品独具特色。在日常生活中，蒙古族有制作和使用角雕用品及铜器的习惯，其中角雕用品有顶针、火柴盒、烟盒、刀柄、胡琴弓把、号角、鼻烟壶等；铜器如铜火锅、铜壶、鞍花等，上面雕刻有各种装饰图案，具有浓郁的民族特色，都是旅游购物的首选。

巨大的雕刻艺术品

金刚座舍利宝塔又称五塔寺，位于呼和浩特市玉泉区五塔寺后街，建于清朝雍正年间，由塔基、金刚座与其顶部的五座宝塔组成。这种形式的佛塔在中国是比较罕见的。整个塔身雕有浮雕佛像1560尊，所以也称"千佛塔"。除了佛像之外，塔身还雕有天王、罗汉、天女、神鸟、神兽、菩提树、金刚杵以及蒙、藏、梵经文等，塔后山墙存有石刻图三幅，其中蒙文石刻天文图尤为珍贵。

金刚座舍利宝塔

中国第五大淡水湖

呼伦湖位于草原边城满洲里市东南，湖周长447千米，是中国第五大淡水湖。湖中盛产鱼类三十多种，主要有鲤鱼、鲫鱼、红鳍鱼、狗鱼、鲇鱼等。呼伦湖还是鸟的天堂，在此栖息的鸟类有二百四十多种，占全国鸟类总数的五分之一。其中主要有鹤、鸥、天鹅、雁、鸭、鸳等禽类，有许多属珍稀物种。呼伦湖景区内各条河流基本上没有污染，是难得的旅游胜地。

美丽的呼伦湖

敖包

在茫茫草原上，为了辨认方向，蒙古人便把石头堆起来，作为路标和界标，这就是敖包的由来。内蒙古大草原上到处都有敖包，人们出门远行，凡是经过敖包，都要停下参拜，祈祷平安。祭敖包也是蒙古族最为隆重而普遍的祭祀活动。

能够听到回音的白塔

万部华严经塔又名白塔，位于呼和浩特市东郊白塔村西，始建于辽代。塔楼为砖木结构，呈八角形，高50米，共七层，可分为基座、塔身、塔刹三部分。塔的外形古朴典雅，刻有精美的砖雕，经塔各层还刻有金、元、明、清各代游人的题记。值得一提的是，塔身顶部有一个直径十几厘米的圆心，站在这个圆心上说话，可以听到四周的回音。

天然牧场——呼伦贝尔草原

呼伦贝尔草原是内蒙古自治区最大的草原，也是闻名世界的天然牧场，因旁边的呼伦湖和贝尔湖而得名。它位于内蒙古自治区呼伦贝尔市境内，总面积四十二万多平方千米，是内蒙古自治区主要的畜牧区，出产三河牛和三河马。每到夏天，草原上绿草茵茵、野花点点，景色怡人。

草原牧群

锡林郭勒草原

奇特景观——平顶山

平顶山位于锡（锡林郭勒）张（张家口）公路旁侧，是锡林郭勒草原的一大景观。这里大大小小的群山连绵起伏，所有的山顶部都非常平坦。据考证，平顶山是千百年前由火山喷发形成的，后由于地壳变迁，形成了现在的大面积的平顶山。

安放成吉思汗灵柩的地方

成吉思汗陵坐落在鄂尔多斯高原中部的伊金霍洛旗境内，陵园的主体建筑是门庭和三个互相连通的蒙古包式大殿，分为正殿、东西配殿、东西走廊、后殿。正殿迎面是一尊成吉思汗白玉雕像。在后殿的蒙古包里，安放着成吉思汗和三位夫人的灵柩。每逢农历三月二十一日，成吉思汗的后人都会在成吉思汗陵举行隆重的祭祀活动。

成吉思汗陵

THE GUIDING
TOUR AROUND WHOLE
CHINA

游遍中国·中国学生最想去的100个最美的地方

第二章

东北地区

　　东北地区泛指黑龙江、吉林、辽宁三省区域，属温带大陆性季风气候区。东北地区地形差异较大，山地较多，林木覆盖面积广大，森林动物品种繁多，自然资源丰富。区内拥有广阔的耕地，土地肥沃，盛产大米，是中国最大的商品粮生产基地。这里不仅有北国冰城哈尔滨、长春、沈阳、大连等现代化的大都市，还有沈阳故宫等历史文化古迹，更有镜泊湖、五大连池、长白山天池等著名风景名胜区。此外，东北地区属多民族聚居地区，人口以汉族为主，少数民族有满、蒙古、回等四十多个民族。其中赫哲族、鄂伦春族、达翰尔族最为古朴独特，为东北地区增添了浓郁的少数民族风情。

黑龙江 | Heilongjiang

黑龙江地处中国东北部，是中国最北的省份。黑龙江旅游资源丰富，各地的冰灯、冰雕节闻名世界。此外，黑龙江独有的少数民族风情，也吸引了无数游客。

展翅高飞的天鹅

牡丹江市容

从地图上看，黑龙江省就像一只展翅高飞的天鹅，它的东北部与俄罗斯接壤，南临吉林省，西北临近内蒙古自治区。区内地形复杂，西北部有大兴安岭，北部有小兴安岭，东南部有张广才岭和完达山等山地。境内河流众多，以黑龙江、嫩江、松花江为主干，流域内土地肥沃。

哈尔滨圣索菲亚
大教堂

档案馆	
简　称	黑
省　会	哈尔滨
面　积	45.4万平方千米
人　口	3820万（2005年统计）
民　族	汉、满、朝鲜、赫哲等

行政区划

黑龙江省辖哈尔滨、齐齐哈尔、鸡西、大庆等12个地级市；1个地区，即大兴安岭地区；64个市辖区；18个县级市；45个县；1个自治县。

哈尔滨小吃

  哈尔滨小吃闻名天下，最著名的有老鼎丰糕点、哈尔滨油脂肠、哈尔滨五香牛肉干、熏鸡等。老鼎丰糕点店是哈尔滨有名的老字号，距今已有60年的历史。老鼎丰糕点中以月饼最为著名，具有酥松利口、细腻酥软、香味独特的特点。哈尔滨油脂肠是哈尔滨正阳楼的特制产品，味道独特。

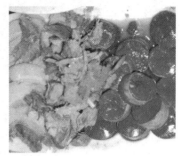

哈尔滨美食

完颜阿骨打

时空隧道

  北宋中后期，由于长期遭受辽国压迫，女真族产生了反抗情绪。女真族完颜部首领完颜阿骨打统一女真各部，积极训练人马，带领军队击败了辽国。公元1115年，阿骨打在会宁（即今黑龙江省阿南城）正式称帝，建立大金国。

特色民族

鄂温克族石刻

  在黑龙江省这片辽阔的土地上，生活着许多极具特色的少数民族。其中包括以捕鱼为生的赫哲族，以狩猎为业的鄂伦春族，以牧业为主的达斡尔族和鄂温克族等，这些民族至今仍保存着一些独特的民族风俗，为黑龙江省增添了浓郁的民族风情。

哈尔滨冰雕

丰富的冰雪旅游资源

  黑龙江省气候寒冷，具有丰富的冰雪旅游资源。隆冬季节，省内许多城市皆举办隆重的冰雕节。用冰雪雕成的各式建筑、花草虫木等在灯光的照耀下晶莹剔透、璀璨夺目，令人大开眼界。目前黑龙江省已形成以哈尔滨冰雪大世界、太阳岛雪雕艺术博览会、中国雪乡大海林等为代表的冰雪观光旅游胜地，其规模和艺术水平均居世界前列。

齐齐哈尔被誉为"鹤的故乡"。

鹤乡齐齐哈尔

齐齐哈尔市位于黑龙江省中西部的松嫩平原，南临石油城大庆，北边有黑河、清真寺、明月岛景区、龙沙公园等著名的风景名胜区。以丹顶鹤为主要保护对象的扎龙自然保护区，就坐落在齐齐哈尔市区东南26千米处，因此，齐齐哈尔市又被称为"鹤的故乡"。

美丽的五大连池

五大连池位于黑龙江省北部五大连池市，这里曾经是火山喷发地带，产生了医药价值很高的天然矿泉水。从五大连池东南部到美丽的药泉山，到处都有矿泉山露，泉水终年不竭。矿泉山露内含有人体必需的多种元素，对于促进人体血液循环有非常好的疗效，被当地人称为"神水"。每年阴历五月初五的"五大连池饮水节"一到，都会有很多游人前来观光。

五大连池东泉

扎龙自然保护区被誉为鸟和水禽的"天然乐园"。

鸟和水禽的"天然乐园"

扎龙是中国著名的珍贵水禽自然保护区，位于乌裕尔河下游，齐齐哈尔市东南26千米处。扎龙自然保护区的主要保护对象是丹顶鹤及其他野生珍禽，其中鹤类就有丹顶鹤、白鹤、白头鹤、白枕鹤和蓑羽鹤5个珍稀品种，因此此区被誉为"鸟和水禽的天然乐园"。保护区内遍布湖泊和河流，每年的四五月或八九月，都会有二三百种飞鸟和水禽聚集此地，场面十分壮观。

铁人纪念馆

大庆油田磕头机

铁人王进喜纪念馆位于大庆市红岗区，是为纪念大庆油田的功臣——铁人王进喜而修建的。馆内陈列着展示王进喜在油田上艰苦奋斗情景的图片资料、大庆油田工人辛勤劳动场景的泥塑，并保存有王进喜的声像资料以及党和国家领导人的题词。此外还有铁人大型雕像、铁人第一井、干打垒等多处景观。

不夜城漠河

漠河位于中国最北边，随着季节的变换，每到夏至的时候，漠河便产生了白天长、夜晚短的极昼现象。极昼出现时，即使到了晚上11点，天仍然很亮，随后天稍稍转黑，至午夜2点以后，天又开始转亮。此时，晚霞与朝霞在北方的天空中交替出现，景象十分壮观，漠河也因此被称为"不夜城"。

漠河

"北方的西湖"

镜泊湖位于黑龙江省宁安市境内，是我国北方著名的风景区和避暑胜地，被称为"北方的西湖"。镜泊湖长45千米，总面积九十余平方千米。区内山清水秀，有吊水楼瀑布、大孤山、小孤山、珍珠门、道士门等八大景观，其中壮观的吊水楼瀑布与幽静的镜泊湖相互映照，一动一静，形成了鲜明的对比。

镜泊湖美景

昔日的"北大荒"变成今日的"北大仓"

昔日"北大荒"

北大荒是黑龙江省嫩江、黑龙江和三江平原的总称，位于我国最北部。新中国成立前，这里一直是中国人口稀少的地区之一，因此被称为"北大荒"。新中国成立后，政府多次号召人民群众重建北大荒。如今，过去荒芜的"北大荒"已经变成了美丽富饶的"北大仓"。

吉林 | Jilin

> 吉林的旅游资源十分丰富，这里既有众多的名胜古迹，也有秀丽壮观的自然风光。境内少数民族众多，具有浓郁的民族风情。

独具风采的地貌

吉林省位于中国东北部，西临内蒙古自治区，北临黑龙江省，南临辽宁省。省内地势东南高西北低，自东南向西北倾斜。区内不同地貌各具风采，东部是长白山区，平均海拔在一千米以上；中部是松辽平原；西部是科尔沁大草原。

吉林土地辽阔。

<table>
<tr><td colspan="2" align="center">档案馆</td></tr>
<tr><td>简　称</td><td>吉</td></tr>
<tr><td>省　会</td><td>长春</td></tr>
<tr><td>面　积</td><td>18.74万平方千米</td></tr>
<tr><td>人　口</td><td>2716万（2005年统计）</td></tr>
<tr><td>民　族</td><td>汉、满、蒙、朝鲜、回等</td></tr>
</table>

行政区划

吉林省现辖长春、吉林、四平、辽源、通化、白山、松原、白城8个地级市及延边朝鲜族自治州；共有20个市辖区、20个县级市、17个县、3个少数民族自治县。长春市为吉林省省会。

吉林松花江

吉林美食

吉林地处北方寒冷地区，在冬天主要吃富含高热量的食物。当地的主食主要有大米、白面、玉米、粘米。著名的吉林菜有小鸡炖蘑菇、涮羊肉、山珍宴、鱼宴、白菜渍菜等。此外，李连贵熏肉大饼、马家烧麦、鼎丰真月饼、朝鲜族打糕等食品也独具特色。

小鸡炖蘑菇是吉林的一道名菜。

朝鲜族风俗

朝鲜族小姑娘

朝鲜族多居住在黑龙江、吉林、辽宁一带，主要聚居区是吉林省延边朝鲜族自治州。朝鲜族的主食以冷面和米糕居多。朝鲜族人民喜穿素白衣服，有"白衣民族"之称。头顶搬运是朝鲜族妇女的一种独特的劳动习惯。此外，朝鲜族素以讲究礼仪而著称，有"东方礼仪民族"的美誉。

吉林雾凇是中国四大自然奇观之一。

末代皇帝溥仪

时空隧道

1932年，日本关东军为实现对中国东三省的殖民统治，决定以清帝溥仪为傀儡，建立伪满洲国，定长春为首都。此后，日本在长春建立了政治、军事机构，妄图控制中国政治形势。二战结束后，日本宣布无条件投降，溥仪在通化宣布退位，伪满洲国灭亡。

雾凇冰雪节

雾凇冰雪节于每年公历一月份在吉林市举办，以观赏中国四大自然奇观之一的吉林雾凇为主。活动期间有盛大的东北秧歌会，五彩缤纷的彩船游江会，焰火晚会，国际滑冰滑雪及冰球赛事，冰灯、冰雕游园盛会以及各种大型的商务洽谈活动、旅游产品交易会等，可谓热闹非凡。

伪满皇宫

末代皇帝溥仪的宫殿

伪满皇宫位于长春市东北隅的光复北路，占地0.12平方千米，曾是清朝末代皇帝溥仪的宫殿，是溥仪处理政务及与家属生活的地方。皇宫院落由勋民楼、辑熙楼、同德殿等组成，楼四周有假山、花园、养鱼池、书画库、中膳房、菜房、侍医室、随侍室等，环境优美。现今，这里已成为吉林省博物馆。

中国最深的湖泊

长白山天池坐落在吉林省东南长白山主峰白头山的山顶之上，又称白头山天池，是中国最深的湖泊。这里气候多变，弥漫的水汽常常给湖泊蒙上一层美丽的薄纱。天气晴朗时，山峰和云彩倒映在天池中，色彩缤纷，异常漂亮。

长白山温泉

"神水"——长白山温泉

长白山温泉又称聚龙泉，面积达一千多平方米，有三十多个泉眼。景区内终年蒸气弥漫，水温最高可达82℃。长白山温泉素有"神水"之称，在这里泡温泉，可以舒筋活血，驱寒祛病。景区内设有温泉浴池，池水的温度可随意调节，洗浴之后，令人神清气爽，备感舒适。

二人转

二人转诞生于东北劳动人民的日常生活中，在长期的实践中，逐渐形成了独有的唱、说、拉、舞的绝技。东北民间有一句俗语："宁舍一顿饭，不舍二人转。"可见东北人对二人转的喜爱。

美丽的长白山天池

松花湖美景

"天河"松花江

　　松花江（满语读作"天河"）发源于长白山天池，流经吉林市，流向呈巨大的"S"形，把吉林市一分为二。江边的十里长堤上，许多美丽的雕像和花坛融为一体，成为吉林市的一道美丽的风景。松花江景观以夏、冬两季尤佳，夏季，江上绿树成荫，水鸟成群，是不可多得的避暑胜地；冬季，江水两岸的树挂美丽神奇，姿态动人。

旅游胜地——松花湖

　　松花湖位于吉林市东南24千米处，是国家级风景名胜区。湖岸簇拥着群山和森林，景致清幽。松花湖春可踏青游船，夏可游泳避暑，秋可观光垂钓，冬可玩雪狩猎，四季风景皆佳。

吉安高句丽古迹

　　高句丽王城文化遗址位于吉林省集安市，是奴隶制高句丽王朝的遗迹，由内城、丸都山城、王陵及贵族墓葬群组成。这里有号称"东方金字塔"的将军坟，被誉为"东方第一碑"的好太王碑，对研究高句丽民族的文化有很大的价值，被列入《世界文化与自然遗产名录》。

松花江畔

辽宁 | Liaoning

辽宁历史悠久，古代文明源远流长。它位于中国东北地区南部，自然资源极其丰富，地理位置也十分重要，是中国东北地区进行对外贸易和国际交往的重要通道。

地理位置

辽宁省位于我国东北地区南部，西北、西南、东北分别与内蒙古自治区、河北省、吉林省长白山区相连，东部隔鸭绿江与朝鲜遥遥相望，中部的辽河平原则是东北三大平原之一。辽东半岛地处辽宁省东部，东临渤海，地理位置优越，被称为东北"金三角"。

大连新区

辽宁大连市景

档案馆

简　　称	辽
省　　会	沈阳
面　　积	14.59万平方千米
人　　口	4221万（2005年统计）
民　　族	汉、满、蒙、朝鲜、回等

行政区划

辽宁省辖沈阳、大连、鞍山、抚顺、本溪、丹东、锦州、葫芦岛、营口、盘锦、阜新、辽阳等14个地级市，56个市辖区，17个县级市，19个县，8个自治县。沈阳市为辽宁省省会。

吃在辽宁

辽宁菜有其独特的口味，即咸甜分明，酥烂香脆。辽宁的特色菜主要有葱花缸炉、干酱肉、什锦烩饭、姜葱螃蟹、沟帮子熏鸡、全羊席、老边饺子、蒙古馅饼、喇嘛糕、李记坛肉等。其中最有名的就是老边饺子，至今已有一百六十多年的历史。

辽宁美食

工业老城

辽宁省是东北经济区和环渤海经济区的交界地带，拥有近百年的工业历史，曾为新中国工业的崛起创造出了无数的奇迹：第一架喷气式飞机凌空，第一艘万吨巨轮入海，第一台深海机器人均在这里产生。现在的辽宁省已成为中国主要的工业基地。

大连女巡警

在大连市有一道奇特的风景，那就是穿梭在大街小巷的漂亮女巡警。她们身穿玫瑰红燕尾服，骑着高头大马，在市区各处巡逻。大连女子巡警队自1994年成立以来，对维护大连市治安作出了有力的贡献，被誉为"大连的一张名片"。

努尔哈赤

时空隧道

努尔哈赤（1559年～1626年）：清太祖，八旗兵创建者和统帅。公元1583年，努尔哈赤在图伦城（今辽宁省新宾满族自治县）起兵，大获全胜。此后，努尔哈赤率兵南征北战，统一女真各部，建立后金。努尔哈赤一生战绩显赫，为建立清朝打下了稳固的基业。

大连人民广场一角

埋葬努尔哈赤的福陵

福陵又称东陵（始建于1629年），位于沈阳市东北部的丘陵地带，是清太祖努尔哈赤的陵墓。福陵气势宏伟，古朴典雅。陵墓甬道两侧耸立着成对的骆驼、狮子等石雕。登上108级台阶，绕过一座方城，可见一座月牙形的宝城，下面是埋葬努尔哈赤和皇后叶赫那拉氏的地宫。

昭陵

关外三陵之一——昭陵

昭陵位于沈阳市北部，是清太宗皇太极的陵墓，也是中国现存最完整的古代帝王陵墓之一。昭陵共分三大部分：前部从下马碑到正红门，中部从正红门到方城，包括华表、石狮等建筑；后部是方城、月牙城和宝城，是陵墓的主体。

中国现存最完整的宫殿建筑群

沈阳故宫位于沈河区沈阳路，建成于1636年，是清太祖努尔哈赤与清太宗皇太极修建的宫殿，是中国现存最完整的宫殿建筑群之一。沈阳故宫占地6万平方千米，包括大政殿、崇政殿、十王亭、清宁宫、文朔阁以及凤凰楼等著名建筑，显露出满族独特的建筑风格。

福陵

沈阳故宫大政殿

旅顺港

中国北方的重要军港

　　旅顺口区位于大连市西部，是国家重点风景名胜区，也是我国北方的重要军港，中日甲午战争、中俄战争就发生在这里。这里风光秀丽，山、海、湾、滩、岛紧密相连，其中蛇岛、鸟岛堪称世界一大奇观。此外，旅顺口区保留了新石器时期遗址、汉代牧羊城遗址和近代战争遗迹等历史古迹。

旅顺港是中国北方的重要军港。

张学良故居陈列馆

　　张氏帅府俗称"少帅府"，是清末奉系军阀张作霖及其子张学良的官邸和寓所。少帅府周围有三米多高的青砖厚墙，内部分为东、西两院，现辟为张作霖之子——张学良将军的旧居陈列馆。陈列馆一楼正中的会客厅中陈列着两只老虎标本，故被称为"老虎厅"。

别致的鸟语林

　　鸟语林位于大连市南部海滨的虎滩乐园附近，占地1.8万平方米，放养着一百多种鸟类。鸟语林中最美丽的风景要数"孔雀东南飞"。每天，园中的工作人员都要把大群孔雀从山下赶到山顶塔楼上，定时放飞。孔雀飞起时，仿佛一片片五彩云霞从天而降，人们亲切地称这种景象为"孔雀东南飞"。

少帅府

大连市十大风景之一——白玉山

白玉山位于大连市旅顺口区，是大连市十大风景之一。山顶有白玉山塔、电视塔（高达110米）和海军兵器馆。在白玉山南北两侧，有两条公路盘山环绕。在山的东坡，一条496级的水泥台阶直达山顶。乘坐白玉山南麓的空中索道，也可到达山顶。登上白玉山，可将旅顺口军港和大连市风光尽收眼底。

白玉山美景

金石滩岸边

奇石园林

金石滩度假区位于大连市东北端的黄海之滨，号称"奇石园林"，是中国政府批准的第一个国家级旅游度假区。这里三面环海，风景优美，拥有世界罕见的奇异石头，如粉红色的礁石、独具特色的龟裂石等。金石滩也因此被称为"神力雕塑公园"。

金石滩被称为"神力雕塑公园"。

大连市最大的广场

星海广场位于美丽的星海湾，是大连市最大的广场。广场中央竖立着全国最大的汉白玉华表，以纪念香港回归祖国这一重大事件。广场由999块红色大理石铺设而成，四周还有5盏大型宫灯，由汉白玉石柱托起，与华表交相辉映。广场周围还有9个造型各异的大鼎。站在星海广场的中央，可以遥望浩瀚广阔的大海。

美丽的黄金海岸

黄金海岸由"金沙滩"和"银沙滩"两个海水浴场组成。这里避风朝阳,滩上细沙匀布,海水清澈,弓形滩面被两侧凸入海面的岬角抱住,地理环境得天独厚,是游泳、垂钓和赶海的好地方。此外,这里还有昼夜开放的海水浴场——金沙滩度假村,度假村集吃、住、购、浴于一体,服务设施齐全,是住宿观光的好地方。

大连黄金海岸

大连有许多游乐园。

全国唯一的通道式海洋生物水族馆

大连圣亚海洋世界位于大连市沙河口区星海公园内,是全国唯一的通道式海洋生物水族馆,包括珊瑚鱼展厅、海底通道、舰船模型展等景区。这里拥有亚洲最长的海底透明通道（长达118米）,放养着二百余种、一千余只海洋动物。在圣亚海洋世界,游客可以看到凶猛威武的鲨鱼、色彩斑斓的热带鱼以及世界各地的珍奇鱼类。其中珊瑚区展厅就设有各式展缸十余个,展示了热带鱼、鲨鱼和海龟的生活状态。

风光秀丽的鸭绿江

鸭绿江发源于吉林省长白山南麓,是东北地区的重要河流。它流经集安、丹东等市,向南注入黄海,全长795千米,流域面积为6.19万平方千米。鸭绿江江水碧绿澄清,恰如雄鸭脖颈的碧绿,故得名"鸭绿江"。鸭绿江江面宽阔,两岸风光秀丽,在入海口一带,还盛产大银鱼。鸭绿江既是观光游览的胜地,也是中朝两国的交通要道,地理位置十分优越。

风光秀丽的鸭绿江

驰名中外的大孤山

大孤山位于辽宁省东港市西部，是驰名中外的旅游景区。景区内可分为古建筑群游览区、小岛游览区和大鹿岛游览区三部分。其中古建筑群游览区的砖雕艺术远近驰名。在大孤山山腰还有一组砖木结构的寺庙建筑，是辽东地区保存最完好的古寺庙建筑群之一。寺庙檐角耸立，雕梁画栋，十分美观。

大孤山美景

医巫闾山是候鸟迁徙的重要途经地。

森林植被保存最完整的地区

医巫闾山位于北镇市西6千米处，其最高峰望海峰海拔867米。医巫闾山的主要景点有圣水桥、鱼池、观音阁、旷观亭、蓬莱仙境、莲花石、白云关等，风景宜人。医巫闾山还是辽宁省丘陵山区森林植被保存最完整的地区，主要保护对象是油松林和针阔叶混交林的森林生态系统，良好的生态环境使这里成为天鹅等候鸟迁徙的重要途经地。

闻名遐迩的奉国寺

奉国寺位于锦州市义县东街路北，始建于1020年，因主殿内塑有七尊大佛，也称"七佛寺"或"大佛寺"。奉国寺原是一组规模宏大的建筑群，后毁于战火，现仅存大雄宝殿。大雄宝殿坐落在寺内的一座高台上，坐北朝南，气势宏伟，结构精巧，堪称同类建筑中的精品。

奉国寺

千朵莲花山

千朵莲花山位于辽宁省鞍山市东南17千米处，是国家重点风景名胜区。境内山峰总数为999座，也被称为"千山"。千山主峰海拔为708米，总面积72平方千米，有"无峰不奇，无石不峭，无庙不古"之美誉。千山景色秀丽，集寺庙、园林景观于一体，是著名的风景旅游胜地。

千朵莲花山

"北国一宝"

本溪水洞位于本溪市东35千米的太子河畔，分水、旱两洞，被誉为"北国一宝"。水洞深邃宽阔，一条蜿蜒5800米的地下河横穿全洞，有"九曲银河"之称。旱洞长300米，洞内怪石嶙峋，洞外别具特色的人工湖和水榭亭台，使洞内外的景观相得益彰。本溪水洞优美的风光，每年吸引着近百万游客前往观光。

本溪水洞被誉为"北国一宝"。

壮丽的崇兴寺双塔

崇兴寺双塔位于北镇市东北角的崇兴寺内，始建于辽代晚期。以崇兴寺为中心，双塔对峙，相距43米。双塔均为砖石建筑，共有13层，东塔高43.85米，西塔高42.63米。双塔塔身各层都雕有不同的花纹，塔顶装饰着莲花座、宝瓶和宝珠。崇兴寺双塔外形别致，挺拔秀丽，为"全国重点文物保护单位"。

崇兴寺双塔外形秀丽。

辽宁的民间艺术

辽宁的民间艺术多姿多彩，其中辽南皮影、辽西刺绣、朝阳剪纸等都是中国传统文化艺术中的奇葩。目前全省有12个县区已成为闻名中外的"中国现代民间绘画之乡"、"中国书画之乡"、"中国民间艺术之乡"，拥有独特的民俗文化。

THE GUIDING
TOUR AROUND WHOLE
CHINA

游遍中国·中国学生最想去的100个最美的地方

第三章

西北地区

西北地区深居内陆，包括陕西省、甘肃省、青海省、宁夏回族自治区和新疆维吾尔自治区。这一地区国境线绵长，与俄罗斯、蒙古、哈萨克斯坦等国相邻，疆域广阔，约占全国面积的30%。地形以山地、平原为主，属温带大陆性干旱气候。西北地区人口约占全国的4%，具有地广人稀的特点。该区能源、矿产较丰富，水力、煤炭资源发展潜力大，是重要的粮食基地、牧业基地、有色金属基地及石油化工基地。西北地区还是中国少数民族聚居地区之一，少数民族人口约占区内总人口的1/3，主要有蒙古族、回族、维吾尔族、哈萨克族等。近年来，随着西部开发的步伐加快，西北地区开始有了长足的发展。

新疆 | Xinjiang

新疆是中国最大的省份，也是西域文明的发源地，其奇特的自然景观、众多的文化遗产和绚丽多彩的民族风情，吸引了众多游人前来观光。

山脉绵长的省份

新疆天池风光

新疆维吾尔自治区位于中国西北部，东南与甘肃省、青海省为邻，南临西藏自治区。境内北部为阿尔泰山，南部有昆仑山和阿尔金山，位于南部的塔克拉玛干沙漠则是我国最大的沙漠。

新疆哈密王爷府

行政区划

新疆维吾尔自治区辖乌鲁木齐、克拉玛依2个地级市；吐鲁番、哈密、和田等7个地区；克孜勒苏柯尔克孜、巴音郭楞蒙古等5个自治州；天山、沙依巴克、新市、水磨沟、头屯河等11个市辖区；20个县级市；62个县；6个自治县。乌鲁木齐市为新疆维吾尔自治区首府。

档案馆	
简　　称	新
自治区首府	乌鲁木齐
面　　积	166万平方千米
人　　口	2010.35万（2005年统计）
民　　族	汉、维吾尔、哈萨克等

新疆羊肉串

新疆馕

新疆美食

新疆有许多独具特色的美食，如馕、手抓饭、烤全羊、熏马肉等。其中馕是维吾尔族的主食，分普通馕、油馕、肉馕等，以小麦或玉米面制成，呈圆形，厚薄均匀。烤全羊是新疆最名贵的民族风味，经过焖烤的全羊呈金黄色，皮脆肉嫩，味道鲜美。

张骞

时空隧道

汉武帝初年，匈奴屡次进犯中原，汉武帝派张骞出使西域，与西域各国结成友谊，共同对抗匈奴。公元前119年，张骞出使西域，受到西域各国的热情欢迎。张骞出使西域打通了东西方经济文化交流的要道，后人称其走过的路为"丝绸之路"。至今，在新疆境内，仍留下了大量珍贵的古丝绸之路文化遗产。

新疆人热爱弹唱艺术。

歌舞之乡

新疆自古就有"歌舞之乡"的美称，居住在这里的少数民族同胞个个都能歌善舞。新疆各族人民共同创造了绚丽多姿的歌舞艺术，他们以优美动听的音乐，绚丽多姿的舞蹈，显示出了西北少数民族的独特风情。

身着传统服饰的维吾尔族少女

维族服饰

在漫长的历史发展过程中，勤劳勇敢的维吾尔族人民，创造了丰富多彩的文化艺术。绚丽多姿的服饰便是维吾尔族文化的组成部分。维吾尔族服饰样式新颖、花纹多样、色彩鲜明。维吾尔族妇女爱穿裙装，她们的裙装多用颜色鲜艳的丝绸或毛料缝制而成，大多为大红、大绿、金黄等色彩，内穿淡色衬裙。

高昌古城

西域留存至今最大的古城遗址

高昌古城位于吐鲁番市以东40千米处，是古代西域留存至今最大的古城遗址(始建于公元前1世纪)。古城现有外城墙、内城墙、宫城墙、佛塔等遗迹，外城内西南有一座大型寺院，由山门、庭院、讲经堂等组成，唐高僧玄奘曾在此寺居住。

交河故城

丝绸之路上的名城

交河故城位于吐鲁番市西10千米处，是丝绸之路上的历史名城，至今已有二千多年的历史。吐鲁番市极干燥的气候使交河故城遗址至今仍保存得非常完整，城内现有市井、佛寺、街巷、作坊等建筑。交河故城是古代西域的政治、军事、文化中心之一，对东西方经济和文化交流起过十分重要的作用。

吐鲁番市最著名的景点

火焰山位于新疆吐鲁番市中部，是吐鲁番市最著名的景点。火焰山内著名景点有拴马桩、踏脚石、八戒石等。每到夏季，赤褐色的山体在烈日的照

火焰山景色

射下，地表温度最高可达80℃，仿佛熊熊火焰在燃烧。相传，中国古典四大名著之一《西游记》中描述的火焰山，即指此山。

新疆境内现存最大的古塔

苏公塔位于吐鲁番市东南2千米处，是清乾隆年间吐鲁番二世郡王为父亲祈福而修建的，是新疆境内现存最大的古塔。苏公塔高37米，呈圆柱形，造型别致，下粗上细。塔身上砌有维吾尔族的各种传统纹样，美观大方。塔内有螺旋形的泥阶，直通塔顶。苏公塔这种建筑形式，在中国是独一无二的。

苏公塔

埋葬皇妃的地方

香妃墓内的墓丘

香妃墓位于喀什市东郊5千米处，是新疆的著名景点，传说这里埋葬着乾隆皇帝的宠妃——香妃的遗体。陵墓由门楼、大小礼拜寺、教经堂和主墓室5部分组成。其中主墓室是整个建筑群的主体部分，墓室内半人高的平台上，整齐地排列着数十个墓丘。

神秘的楼兰古城

楼兰古城位于罗布泊西北侧，是古国楼兰的都城。古城遗址呈正方形，城中有民居、院落、佛塔、家具、残墙等遗迹。楼兰古城作为古代丝绸之路上的一个重要城市，在活跃了几个世纪之后突然神秘地消失，直到20世纪初才被探险家发现。经考察，楼兰古城之所以被掩没于大漠中，是由于自然和人为多方面的复杂原因，导致河流改道，风沙侵袭而造成的。

楼兰古城旧址

新疆葡萄沟

葡萄沟位于吐鲁番市东北的火焰山峡谷中，种植有无核白葡萄、马奶子等数十个葡萄品种。其中无核白葡萄鲜绿晶亮，酸甜可口，被誉为"中国绿珍珠"。葡萄沟内凉爽宜人，与火焰山的炽热形成鲜明对比，成为一道独特的风景。

甘肃 | Gansu

甘肃位于古丝绸之路的黄金路段，历来就是东西方文化的交汇地。境内保存着数量众多的历史文物以及石窟寺庙、长城关隘、古城遗迹等文化遗址，风景独特。

甘肃山丹马场

地貌多样的省份

甘肃省位于中国西北部，东临陕西省，南临四川省，西面紧临青海省和新疆维吾尔自治区，北面与内蒙古自治区和宁夏回族自治区交接。境内地形、地貌多样，包括陇南山地、陇中黄土高原、甘南高原、河西走廊、祁连山地、北山山地六大部分，地势自西南向东北倾斜。

甘肃鸣沙山

行政区划

甘肃省现辖兰州、天水、嘉峪关、白银、金昌、武威等12个地级市；17个市辖区、4个县级市、58个县、7个自治县。此外还包括2个自治州，即临夏回族自治州、甘南藏族自治州。兰州市为甘肃省省会。

档案馆	
简　　称	甘、陇
省　　会	兰州
面　　积	45.5万平方千米
常住人口	2594.36万（2005年统计）
民　　族	汉、回、蒙、藏等

甘肃美食

甘肃人以面食为主食，当地的面食种类繁多，品种各异，以兰州牛肉面最具特色。兰州牛肉面起源于唐代，至今已有一千多年的历史，由于它面料精细、工序繁杂、用料考究，一直是甘肃人民喜爱的食品。此外，甘肃的特色美食还有清炖全羊、兰州烤小猪、千层牛肉饼、醉瓜、兰州瓜等。

面食是甘肃人常吃的食品。

酒泉夜光杯

夜光杯出产于甘肃省酒泉市，取材于祁连山下黑水河附近所产的各色玉石，传说在西周时代就已有所生产。夜光杯样式精美多样，有喇叭型酒盅、仿古齐口平底杯、西洋高脚杯、雕花杯等，其色泽白如羊脂，黄若鹅绒，绿似翡翠，黑赛乌漆，十分美观。

诸葛亮斩马谡

时空隧道

公元227年，蜀国丞相诸葛亮带兵进攻魏国，在祁山（今甘肃礼县东）大败魏军。魏国收集残军，反攻祁山。诸葛亮令马谡为先锋，欲攻下街亭（今甘肃庄浪东南），作为蜀军据点。由于马谡骄傲自满，决策失误，街亭失守。蜀军失去立足之地，诸葛亮只好下令撤军，留下千古遗憾。

拉卜楞寺的节庆和法会特别多。

甘肃拉卜楞寺

拉卜楞寺宗教法会

拉卜楞寺位于甘南藏族自治州夏河县西北，坐北朝南，寺前平坦开阔，景色迷人。拉卜楞寺的节庆和法会特别多，较重要的有正月祈祷法会、二月法会、七月法会等。其中正月祈祷法会最为隆重，自正月初三起，到正月十七为止，历时15天。期间全寺的僧人都要在大经堂诵经6次。此外还会举行放生、晒大佛、跳法舞会等活动。

炳灵寺石窟

大雁常来雁滩栖息。

石窟圣地

炳灵寺石窟位于临夏回族自治州永靖县西南35千米处、小积石山大寺沟西侧的崖壁上。石窟以位于悬崖高处的唐代"自然大佛"和崖面中段的众多中小型窟龛为主体，其中唐代石窟共有20窟，113龛，占总数的2/3以上。北朝的代表性作品，如第169窟的泥塑观音，第125龛的石雕释迦牟尼和多宝佛等，都是炳灵寺石窟的艺术杰作。

大雁栖息的地方

雁滩位于兰州市以东，原是黄河中的18个沙岛，据说过去大雁常在此栖息，故名雁滩。新中国成立以来，这里筑成了长达20千米的环滩大坝和10千米的柏油马路，穿过黄河支流，把雁滩和市区连成一体。现在雁滩已被开辟为公园，园中林木茂密，风光明媚，园内亭台楼阁与黄河互相映衬，景色秀美。

丝绸之路上的咽喉要道

敦煌故城遗址又称沙州故城遗址，位于敦煌市西的党河西岸，是古代丝绸之路上的重镇。故城遗址呈长方形，东西宽718米，南北长1132米，南、北、西三面仍有残垣，西北角尚有城墩。城内南部有一座白马塔，塔为9层，高12米，为后秦时所建。

甘肃敦煌双塔

兰州水车

兰州水车是一种酷似古式车轮的水利机械，外表粗糙，但却省工、省力。20世纪三四十年代，兰州水车盛行，仅兰州近郊就有一百六十多部。新中国成立后，兰州的水车多被拆除，仅兰州以西、河口以东剩下一两部。

通往西域的门户

阳关位于敦煌市西南70千米的南湖乡西侧、玉门关南面。西汉王朝为了抵抗匈奴，在河西走廊设置了武威、张掖、酒泉、敦煌四郡，同时建立了阳关和玉门关。从此，阳关成为通往西域的门户，战略地位极其重要。如今，昔日的阳关早已荡然无存，仅剩墩墩山上的一座烽火台傲然挺立，尽显沧桑。

阳关遗址

峒峒山色天下秀

峒峒山美景

峒峒山位于平凉市西15千米处，属于六盘山山脉，素有"西镇奇观"、"峒峒山色天下秀"的美誉，相传上古帝王黄帝曾来这里向仙人广成子求教。峒峒山海拔2123米，拥有大小山峰数十座，峰峦起伏，林木苍翠。其中仙桥虹跨、月石含珠、鹤洞元云等十二处奇景及百余处名胜古迹，使峒峒山享誉海内外。

通往西域各国的边防关口

玉门关位于敦煌市西北90千米的戈壁滩上，是汉代以来通往西域各国的重要关口。丝绸之路经过敦煌之后，出了玉门关就是西域。现在的玉门关是一座耸立在山岗上的土城，土城近似正方形，全城残存面积为六百多平方千米。其中西墙、北墙各开一门，城北坡下有东西大车道，是历史上中原和西域各国的交通要道。

玉门关遗址

青海 | Qinghai

青海历史悠久，是一个多民族聚居的地区。这里风景迷人，地大物博，野生动物种类繁多，生态环境良好。

青海昆仑山戈壁河滩

长江的发源地

青海省位于中国西北地区中南部，地处青藏高原东北部，长江、黄河上游，是长江、黄河、澜沧江的发源地。青海省东北部毗邻甘肃省，西南部毗连西藏自治区，东南部连接四川省，西北部毗邻新疆维吾尔自治区。境内山峰连绵，其中昆仑山是省内高山的主体山脉，阿尔金山、祁连山则位于省内西北部。

档案馆	
简　　称	青
省　　会	西宁
面　　积	72.7万平方千米
人　　口	543.2万（2005年统计）
民　　族	汉、藏、回、蒙古等

青海省湟源县日月山美景

行政区划

青海省辖1个地级市，即西宁市；1个地区，即海东地区；5个藏族自治州，即黄南藏族自治州、海南藏族自治州、海北藏族自治州、果洛藏族自治州、玉树藏族自治州；1个蒙古族自治州，即海西蒙古族自治州。西宁市为青海省省会。

吃在青海

　　青海小吃很多，最著名的有糌粑、奶皮、醪糟等。其中糌粑（藏语意为炒面）是藏族人民每天的主食；奶皮也叫干奶酪，是牛奶制品中最可口的营养食品之一；醪糟则是以糯米加甜曲制成的发酵食品。此外，拉条、麻食、酿皮、羊肠面、杂碎汤等也是青海人所喜爱的美食。

青海湖畔草原

青海玉树赛马会

　　青海玉树赛马会是青海省规模最大的藏族盛会，于每年7月25日至8月1日在玉树藏族自治州的结古草原举行。赛马会举行时，藏族群众身着鲜艳的民族服装，参加赛马、赛牦牛、藏式摔跤、马术、射箭、射击、民族歌舞、藏族服饰展示等极具民族特色的活动。游客在参观之余，还可以同藏族群众一起载歌载舞，共度草原民族盛会。

青海湖畔的雪地

青海格尔木河

时空隧道

　　宗喀巴（1357年～1419年）：藏传佛教格鲁派的创始者，于公元1357年诞生于湟中县（今青海省西宁市）一个牧民家中。宗喀巴16岁时赴西藏深造，苦读经书，系统地掌握了藏传佛教显宗和密宗各派的教法，并形成了自己的思想体系，创建了格鲁派教派。

歌舞的海洋

　　青海素称"歌舞的海洋"。这里有情趣盎然的汉族"社火"，舞姿婆娑的土族"安昭"，高亢激越的撒拉"新曲"，歌喉甜润的藏族"拉伊"，悠扬动听的蒙古族马头琴声。"花儿"更是青海民歌之魂。"花儿"（亦称"少年"）是广泛流传于中国西北地区的一种情歌，每到农历的四月至六月，青海各地别开生面的花儿会都会相继展开。

中国最大的咸水湖

青海湖位于青藏高原东北部，面积达4456平方千米，是中国最大的咸水湖。青海湖的四周被大通山、日月山、青海南山、橡皮山所环抱。这里河流众多，水草丰美，环境清幽。从山下到湖畔，绵延着方圆千里的草原，而烟波浩淼的青海湖，就像一盏巨大的翡翠玉盘镶嵌在高山、草原之间。

鸟儿王国

鸟岛是青海湖湖面五个岛屿中最西边的一个小岛，岛上气候温和，环境宜人，水草茂盛。每年的五至六月，来自我国南方和东南亚地区的斑头雁、棕头雁、鱼鸥、赤麻鸭、颈鹤等多种候鸟都飞到这个小岛上，营巢产卵、孵幼育雏，最多可达十万只以上，故鸟岛素有"鸟儿王国"之称。鸟岛上千万只鸟儿聚集一处，发出婉转动听的鸣声，场面十分壮观。

青海湖畔

鸟岛美景

格鲁派六大寺院之一

青海塔尔寺

塔尔寺位于西宁市湟中县鲁沙尔镇，是中国藏传佛教格鲁派创建的六大寺院之一。整个寺院依山而建，共有大金瓦寺、小金瓦寺、大经堂、如意塔等一千多个院落，是一处汉藏艺术风格相融合的建筑群。寺中收藏有大量文物，其中酥油花、绘画、堆绣被誉为塔尔寺的"艺术三绝"。此外，每年的正月十四至十五、四月十四至十五、六月初七至初八、九月二十二至二十三，塔尔寺都会举行大规模的法会。

意义非凡的西海镇

西海镇位于海北藏族自治州海晏县，是中国第一颗原子弹的研发基地。至今在西海镇依然可以看到哨岗、专用的铁路、原子弹研发专家居住过的宿舍和为纪念原子弹研发成功而修建的纪念碑和博物馆。据说，之所以选择西海镇作为原子弹研发基地，是因为它的地理位置很隐蔽。而第一颗原子弹的研制成功，对中国人民来说，意义非凡。

西海镇是中国第一颗原子弹的研发基地。

"世界第三极"

可可西里保护区位于青海省西北部，面积4.5万平方千米，平均海拔在4600米以上，被称为"世界第三极"。由于可可西里自然环境严酷，气候恶劣，至今仍是中国最大的无人区。可可西里是中国动物资源比较丰富的地区之一，拥有野生动物二百三十多种，其中属国家重点保护种类的野生动物就有二十多种，高原精灵藏羚羊便是其中之一。

可可西里无人区

柴达木盆地美景

聚宝盆

柴达木盆地位于青海省西北部，地处青藏高原腹地，海拔约2600～3000米，是中国海拔最高的盆地。柴达木盆地的东部和东南部是平原，农田面积广大，畜牧业发达，有"聚宝盆"的美称。这里的铅、锌、铬、锰等金属及煤炭、石油等资源也非常丰富。

牦牛

牦牛一般为黑褐色，全身都是宝。牦牛奶、牦牛肉是美味的食品，牦牛粪可以燃烧。青海牦牛个头大、牛毛长、牛绒厚，为生产藏毯提供了优质的原材料。

THE GUIDING
TOUR AROUND WHOLE
CHINA

游遍中国·中国学生最想去的100个最美的地方

第四章

华东地区

华东地区包括山东、江苏、安徽、浙江、福建五省及上海市，地形以山地、平原为主，属亚热带海洋性气候。全区自然条件优越，物产资源丰富，工业门类齐全，是中国综合技术水平较高的经济区。随着最近几年的高速发展，境内长江三角洲地区在中国经济发展过程中的经济中心地位逐渐确立，以上海为中心，包括南京、杭州、苏州三大城市的长三角经济带已经形成，使华东地区成为带动中国经济发展的先进力量。此外，华东地区历史悠久，旅游资源丰富，杭州、烟台等城市拥有美丽的自然风光，已成为重点旅游城市。随着中国经济的不断发展，华东地区的地区优势会越来越明显，发展势头也会更加强劲。

山东 | Shandong

　　山东人杰地灵，名人辈出，素有"孔孟之乡，礼仪之邦"的美誉。省内山川壮丽，资源丰富，东部海岸线绵长，拥有众多旅游胜地。

地理位置

　　山东省位于黄河下游，东隔渤海、黄海与朝鲜半岛、日本列岛相望，西北紧邻河北省，西南与河南省交接，南与安徽省、江苏省毗邻。省内主要地形为山地、丘陵、平原，中部的泰山海拔1545米，是全省最高点；东北部山东半岛环抱渤海湾，与辽东半岛相对。

青岛栈桥远眺

档案馆	
简　　称	鲁
省　　会	济南
面　　积	15.67万平方千米
人　　口	9248万（2005年统计）
民　　族	汉、回、满、蒙古等

行政区划

　　山东省下辖济南、青岛、淄博、枣庄、东营、烟台、潍坊、青州、济宁、泰安、威海、日照、莱芜、临沂、德州、聊城、菏泽17个地级市；49个市辖区；31个县级市；60个县。济南市为山东省省会。

山东名城——青岛

山东美食

青岛啤酒驰名中外。

山东菜又名鲁菜，历史悠久，影响广泛，是中国四大菜系之一。山东菜主要由济南菜、胶东菜和孔府菜组成，总的特点是鲜咸脆嫩。其中济南菜刀工精细，尤以煲汤闻名；胶东菜以烹制海鲜为主，口味清淡、鲜嫩；而著名的孔府菜用料则非常广泛。此外，山东青岛啤酒是中国的名牌酒品，享誉中外。

孔子

名人堂

孔子（公元前551年～前479年）：名丘，字仲尼，鲁国陬邑（今山东省曲阜市）人。孔子是春秋时期伟大的思想家、教育家、政治家，他以"仁爱"、"礼义"为根本，形成独特的思想体系，创建了儒家学派，对中国两千多年来的社会思想产生了深远的影响。

名人故乡

孟子

山东省风光秀丽，历史悠久，被称为"齐鲁之邦"。早在四五万年前，古人类"沂源人"就在山东繁衍生息。春秋战国时期，以孔子为创始人和代表的儒学思想，成为东方传统文化的主体。除孔子以外，山东省历史上还出现了孟子、墨子、管子、孙武、孙膑、辛弃疾、李清照、王羲之、颜真卿等一大批历史名人，可谓人杰地灵。

独具特色的秧歌文化

山东秧歌具有浓厚的民族特色，堪称民间艺术的奇葩。山东秧歌种类繁多，主要有地秧歌、寸秧歌、跷秧歌三种。其中地秧歌风格粗犷奔放，广受喜爱；寸秧歌本为小脚女人所表演，后逐渐转化为地秧歌；跷秧歌融合了踩高跷艺术，形式活泼。山东秧歌因其突出的文化和娱乐价值，一直广为流传。

青岛民居

济南四大泉群之首

趵突泉泉群位于济南市旧城区西南部，是济南四大泉群之首。它由38处泉水组成，其中有27处集中在趵突泉公园内，最著名的有趵突泉、金线泉、柳絮泉、马跑泉、卧牛泉等。趵突泉景观"趵突腾空"曾是明清时济南八景之首。趵突泉水量很大，泉水喷涌时，三支水柱腾空而起，景象壮观。趵突泉泉水清澈，味道甘美，是十分理想的饮用水。

趵突泉

灵岩寺是中国著名古刹之一。

济南三大名胜之一

大明湖位于济南市区东北部，是济南三大名胜之一。它历史悠久，风景秀美，名胜古迹众多，集自然景观与人文景观于一体，蕴涵了丰富的历史、文化内涵。湖面上鸟飞鱼跃，画舫穿行，湖畔景色优美，有历下亭、铁公祠、南丰祠、汇波楼、北极庙和遐园等多处名胜古迹。

大明湖一角

中国著名的四大古刹之一

灵岩寺位于济南市长清区境内，是中国著名的四大古刹之一。它始建于公元479年，几经废修，现存殿宇多是宋代以后的建筑。灵岩寺主体建筑是千佛殿，是寺内保存最好、规模最大的一座古建筑，因殿宇内供奉了众多佛像而得名。千佛殿内最引人注目的是40尊宋代彩色泥塑，这些泥塑历经上千年历史，仍保存完好。

历下亭是历代文人墨客的聚集地。

中华名亭

历下亭又称古历亭，位于大明湖中的小岛上，因靠近历山（千佛山）而得名。历下亭始建于清代，八角重檐，亭中悬挂着清乾隆皇帝题写的"历下亭"匾额。亭后为名士轩，墙壁上镶嵌着杜甫的石刻画像，栩栩如生。历下亭周围碧波荡漾，绿柳垂丝，是历代名人墨客的聚集地。

孔府

孔子后裔居住的地方

孔府位于曲阜城中，是孔子后裔居住的地方。它包括厅、堂、楼、轩等各式建筑463间，分为东、西、中三路，东路为家祠，西路为学院，中路为主体建筑。孔府的住宅和房内陈设保存完整，收藏了众多的历史文物，其中最著名的就是"商周十器"，是清乾隆年间皇室赏赐给孔氏家族的。

曲阜孔庙

规模宏大的孔庙

孔庙位于曲阜城中央，为孔子的弟子在孔子逝世后新修，是一组规模宏大、气势雄伟的古代建筑群，也是中国历代王朝祭祀孔子的庙宇。庙宇以孔子的居所为主体，藏有孔子生前所用的"衣、冠、琴、车、书"等物品，十分珍贵。

中国伟大的教育家、思想家孔子。

孔庙主体建筑之一

　　奎文阁是孔庙主体建筑之一，始建于宋代，是收藏历代皇帝赐书、墨迹的地方。奎文阁为木质建筑，高23.35米，深17.62米，建有三重飞檐，四层斗拱。阁内外共有四幢明代御碑，每幢高6米多，碑下是1米多高的龟趺。碑额雕刻着精致的盘龙，栩栩如生。奎文阁坚固异常，历经百年风雨仍屹立不倒，堪称我国古代木结构建筑的杰出代表。

世界上规模最大的家族古墓群

　　孔林（也称"至圣林"）位于曲阜城北，是孔子及其家族的专用墓地，也是世界上规模最大、保存最完整的一处家族古墓群。孔林围墙高三四米，全部用灰砖砌成，区内墓冢累累，古木参天。孔子墓位于孔林的中部，墓前筑有享殿，是供奉孔子的地方。孔林是中国第一批"全国重点文物保护单位"，于1994年被列入《世界文化与自然遗产名录》。

孟子出生的地方

　　孟子故里位于邹城市城南15千米，与曲阜城相邻。区内现有孟子故里坊、孟子故宅、孟母泉、孟母井、孟母池等景点。区内的东西大街名为"孟子故里街"，街北一幢坐北朝南的房屋即孟子故宅，现存正殿一座，高5米，长11米。著名的孟母池位于孟子故宅前方，池水常年不枯。

奎文阁是孔庙的主体建筑之一。

天下第一山

泰山

　　泰山又名岱山、岱岳，位于山东省中部，与中国其他四座名山——南岳衡山、西岳华山、北岳恒山、中岳嵩山合称为"五岳"，素有"五岳之首"、"天下第一山"的美称。泰山主峰玉皇顶海拔1545米，气势磅礴。山上主要风景名胜有柏洞、云步桥、日观峰、王母池、普照寺等。其中日观峰位于玉皇顶东南部，因可以观看奇特的日出美景而闻名。

泰山最大、最完整的古建筑群

岱庙

　　岱庙位于泰山中，是泰山最大、最完整的古建筑群。其建筑仿造古代宫殿样式建造，是中国历代皇帝到泰山封禅时举行大典的地方。庙内现有古建筑和仿古建筑一百六十余处，其主殿天祝殿内奉有"东岳泰山神"像，殿壁上绘有"东岳泰山神出巡"的大型壁画，殿前还竖有秦始皇的无字碑。在岱庙北厅，还陈列有历代诗文、绘画、书法、雕刻等文物，使岱庙成为一座艺术博物馆。

十八盘

泰山的主要标志之一

　　摩天云梯俗称"十八盘"，指从松山谷底到泰山顶南天门的一段盘山路，是泰山的主要标志之一。区内地势险峻，故有"泰山最险处，首推十八盘"的盛誉。十八盘全程一千米左右，拥有石阶1594级。其中自开山至龙门为"慢十八"，再至升仙坊为"不紧不慢又十八"，最后至南天门为"紧十八"。"十八盘"岩层陡立，倾斜角度大，垂直高度400米，攀爬难度大。如今，在从中天门到泰山顶的望府山已架设了空中缆车，可使游人轻松地游览泰山风景。

青岛汇泉湾

景色秀美的汇泉湾

汇泉湾景区位于青岛市区中部海滨，是青岛海滨风景区内一处重要的游览胜地。汇泉湾景区景色秀丽，主要景点有鲁迅公园、小鱼山公园、康有为故居、青岛水族馆、汇泉湾海水浴场和汇泉广场。每到夏天，来青岛避暑观光的游人都会涌入汇泉湾海水浴场，尽情享受这片清凉的世界。

道教名山

崂山是山东半岛的主要山脉，被誉为"神窟仙宅"，是道教的传播要地。这里海山相连，自然景观丰富，古人曾列出十二胜景，分别为巨峰旭照、九水明漪、飞瀑潮音、蔚竹鸣泉、华楼叠石、狮峰宾日等。此外，崂山内著名的人文景观主要有太清宫、上清宫、太平宫、华严寺等，依山而建，气势宏伟。

崂山北九水

"世外桃源"

刘公岛位于威海市区东部的威海湾中，素有"海上仙山"的美誉。据传，东汉末年，刘氏皇族一支为避曹魏大军的迫害而迁居岛上。刘氏一家忠厚善良，常救济渔民，后人为纪念他们，在岛上修筑了刘公庙，此岛也就被称为刘公岛了。刘公岛植被茂密，岛东碧波万顷，景色优美。

刘公岛美景

珍贵的东周殉马坑

　　东周殉马坑位于临淄区河崖头村，是春秋时期齐国君主和大贵族的墓地。坑内现已发现大、中型墓二十余座，其中5号墓周围有大规模的殉马坑。倘以坑内殉马排列的密度计算，东周殉马坑中殉马的数量应该在六百匹以上，其数量之多，规模之大，是前所未有的。东周殉马坑为研究春秋时期齐国的历史、经济、军事和殉葬制度，提供了极为珍贵的资料。

东周殉马坑

"仙境"蓬莱阁

山东蓬莱阁

　　蓬莱阁位于蓬莱市区西北的丹崖山上，包括祠庙、殿堂、阁楼、亭坊等建筑形式，主要建筑有三清殿、吕祖殿、苏公祠、白云宫、天后宫、龙王宫、蓬莱阁、弥陀寺等。其中白云宫位于蓬莱阁东侧前部，其主体建筑是三清殿，殿内供有三尊神像。秦始皇访仙求药和八仙过海的神话传说，给蓬莱阁抹上了一层神秘色彩，使其赢得"仙境"的美誉。

聊城的象征

　　光岳楼位于聊城市中心，是国家历史名城——聊城的象征，与岳阳楼、黄鹤楼并称中国三大名楼。光岳楼由墩台和主楼两部分组成。墩台为砖石砌成的正四棱台，高9米，4层主楼筑于墩台之上，高24米。光岳楼在中国古代建筑史上占有重要地位，于1988年被列为"全国重点文物保护单位"。

光岳楼景色

江苏 | Jiangsu

江苏土地辽阔，江湖众多，物产丰富，素有"鱼米之乡"的美称。其省会南京市历史悠久，是中国历史上有名的六朝古都。

地势最低的省份

江苏省位于中国东部沿海地区，与安徽省、浙江省、山东省、河南省相邻，是全国地势最低的一个省区。境内地形平坦，除北部、西南部边缘为山地，地势较高外，其余都是平原，自北往南依次为黄淮平原、江淮平原和长江三角洲地区。

行政区划

江苏省现辖南京、无锡、徐州、常州、苏州、南通、连云港、淮安、盐城、扬州、镇江、泰州、宿迁13个地级市；54个市辖区；27个县级市；25个县。南京市为江苏省省会。

档案馆	
简　　称	苏
省　　会	南京
面　　积	10.26万平方千米
人　　口	7474.5万（2005年统计）
民　　族	汉、满、蒙、回等

江苏民居

江苏名菜——松鼠桂鱼

吃在江苏

江苏菜以清鲜淡雅著称，著名的菜肴有"南京三炖"，即炖生敲、炖菜核、炖鸡孚；"镇扬三头"，即扒烧整猪头、拆烩鲢鱼头、清炖狮子头。此外苏州松鼠桂鱼、西瓜鸡也是江苏名菜。江苏小吃有小笼馒头、桂粉汤圆等。

刺绣之乡

江苏省民间刺绣工艺源远流长，堪称刺绣之乡。在明清时期，江苏省刺绣工艺就已达到很高水平。江苏省刺绣产地主要有苏州、无锡、南通、扬州、常州等地，其中苏州和无锡两地尤为闻名，分别被称为"苏绣"和"锡绣"。苏绣图案秀丽，绣工细致；锡绣针法多变，图案生动，兼具欣赏性和实用性。

江苏昆山周庄古建筑

史可法

名人堂

史可法(1602～1645年)：河南祥符(今河南省开封市)人，南明大臣，抗清名将。清顺治二年(公元1645年)，清兵围困扬州，史可法率军英勇奋战，拒降固守。后因寡不敌众，扬州城被清军攻破，史可法英勇就义。副将史德威搜寻史可法遗骸不得，于是葬其衣冠于梅花岭下。乾隆三十三年(公元1768年)，扬州人民为纪念史可法，在梅花岭畔（今扬州市史可法路南端）修建了史公祠。

江苏紫砂壶

紫砂壶是明清时期江苏省宜兴地区所产的一种陶质茶具。紫砂壶泡茶不走味、贮茶不变色，即使在盛夏时节，所泡的茶仍不易变质。由于泡茶日久，茶慢慢渗入陶壶中去，即使只泡清水，也有一股清清的茶香。近年来，宜兴紫砂壶多次在国际博览会上参展并获奖。

宜兴紫砂壶声名远播。

江南五大名园之一

瞻园位于南京市瞻园路，始建于明朝初年，坐北朝南，是南京市仅存的一组保存完好的明代古典园林建筑群，与南京豫园、无锡寄畅园、苏州拙政园和留园并称为"江南五大名园"。1853年太平天国定都南京后，这里曾是东王杨秀清的王府。园林分为东西两部分，东瞻园内有太平天国历史博物馆展区、水院、草坪区和古建区；西瞻园有西假山、静妙堂等景点，环境优美宜人。

瞻园美景

莫愁湖

绚丽多姿的夫子庙

夫子庙位于秦淮河北岸，始建于北宋年间，是供奉和祭祀孔子的地方（孔子自古被人们尊称为"孔夫子"，故其庙宇俗称"夫子庙"。）夫子庙于清朝同治年间重修，庙中有棂星门、大成殿、明德堂、江南贡院等建筑。观赏夫子庙灯会是南京旅游的传统项目，每年的元宵节，一年一度的灯会都将夫子庙装扮得绚丽多姿。

江南第一名湖

莫愁湖位于南京市秦淮河西岸，自古就有"江南第一名湖"、"金陵第一名胜"等美称。湖面呈东西长、南北窄的短靴状，相传六朝南齐时有一个善歌的少妇莫愁曾住在这里，湖由此得名。湖区布局别致，清静幽雅，独具特色。区内有胜棋楼、郁金堂、赏河厅等建筑。其中郁金堂院外水池中有一尊莫愁女石雕像，神情忧郁凝重，现已成为南京市的标志性景点之一。

夫子庙贡院

南京中华门

南京最大的一座城门

南京中华门位于南京市中华路南端，原为南唐都城的正南门，为南京古城墙13个城门中规模最大的城堡式城门，也是当今世界上保存最完好的古城堡。因为它正对着聚宝山（今雨花台），所以又称聚宝门。城堡设计巧妙，结构完整，有三道瓮城，四道拱门，城堡上下还设有27个藏兵洞，战时用以贮备军需物资和埋伏士兵。南京中华门作为重要的历史遗迹，于1988年被国务院列为"全国重点文物保护单位"。

孙中山先生的陵墓

中山陵风景名胜区位于南京市东郊小茅山南麓，是中国伟大的民主革命先驱孙中山先生的陵寝所在地。中山陵主要由博爱坊、陵门、碑亭、祭堂等建筑组成。祭堂后的铜门内为墓室，孙中山先生的汉白玉灵柩和卧像就安放在墓室内的圆穴中。中山陵西面是明孝陵，东面是灵谷寺，区内景色秀丽，是中国著名的风景名胜区。

巍巍中山陵

南京雨花台烈士群雕

明朝"金陵十八景"之一

雨花台风景名胜区位于南京市中华门外，是一块布满砾石的小山冈，景致奇特，被列为"金陵十八景之一"。相传梁代高僧云光法师曾在此讲经传佛，感动天神，落雨如花，遂得名雨花台。雨花台上的雨花石形如鹅卵，光彩夺目。雨花台景区由古迹名胜区、烈士陵园区、雨花石文化区、雨花茶文化区、游乐活动区和生态度假区组成，景致优美。

朱元璋的陵墓

明孝陵位于南京市东郊紫金山南麓的玩珠峰下，是明朝开国皇帝朱元璋和皇后马氏的合葬陵墓。明孝陵壮观宏伟，代表了明初建筑和石刻艺术的最高成就，对明清两代帝王陵寝的建筑风格有直接的影响。明孝陵作为明清皇家陵寝的一部分，以其独特的景观和历史价值，吸引了众多中外游人，于1999年被列入《世界文化与自然遗产名录》。

苏州具有代表性的园林之一

留园位于苏州市西郊阊门外，始建于明朝中期，是苏州市具有代表性的园林之一。留园总面积为0.03平方千米，分为中、东、西、北四个景区，每个景区既各具特色，又互相联系。园林中部以小山为主，四周环绕着假山和亭台楼阁；东部以园林建筑为主，有著名的"留园三峰"；西部自然景色优美；北部则是优美的田园风光。

留园

拙政园是中国园林艺术的经典之作。

"天下园林之母"

拙政园位于苏州市东北街，始建于明朝正德年间，被誉为"天下园林之母"，与颐和园、避暑山庄、留园并称为中国四大名园。园区可分为东园、中园、西园三部分。其中中园是拙政园的精华部分，以荷花池为中心，主体建筑为远香堂，其他建筑大都临水并面向远香堂修建而成。每到夏季，荷花池中荷花盛开，岛上绿柳垂荫，楼阁精巧奇绝，景致十分优美。此外，东园山池相间，点缀着精巧的楼阁，西园则是宾客会聚、聆听戏曲的场所。

苏州最小的园林

网师园位于苏州市东南部，始建于宋代，现存建筑为清朝乾隆年间重修，是苏州最小的园林。网师园南部为居住、聚会的庭院，有小山丛桂轩、琴室等建筑。北部为休憩之所，主要建筑有五峰书屋、看松读画轩、集虚斋等建筑。中部以水池为主，四周环绕树木花草，景色宜人。

网师园景色宜人。

怡园

苏州园林中建造最晚的园林

怡园位于苏州市人民路中段，是苏州园林中建造最晚的一座，因此得以吸收其他园林的建筑精华，有较高的观赏价值。园景因地制宜，分为东西两部分，中间用复廊隔开。廊东以庭院建筑为主，廊西为全园主景区，正中为池水，周围环绕着假山、花木及各种亭台楼阁。池水北面的假山全部用湖石堆砌而成，成为廊西一道美丽的景观。

名扬天下的寒山寺

寒山寺（又称枫桥寺）位于苏州市西的枫桥镇，始建于梁代。唐代诗人张继的一首《枫桥夜泊》，使寒山寺名扬天下。寺内现有的殿堂为清朝建筑，主要有大殿、藏经楼、碑廊等。如今，张继诗中所咏的古钟早已失传。1904年，江苏人民仿照旧钟样式新铸了一口大钟。每逢新年来临之际，许多游客都不辞辛劳地赶至寒山寺，专程聆听108下钟声，祈求来年的幸福和吉祥。

寒山寺

上海 | Shanghai

上海是中国著名的港口城市，其交通便利，经济发达，是中国最大的综合性工业城市，也是全国重要的科技中心、贸易中心、金融信息中心。

上海外滩

良好的江海港口

上海市地处长江三角洲前端，东临东海，南临杭州湾，西与江苏、浙江二省为邻。市内地形主要为冲积平原，仅西南部有部分火山岩丘，西部有佘山、天马山等（其海拔均在100米以下），位于杭州湾的大金山和小金山是上海市的最高点。上海市属亚热带海洋性季风气候，气温适宜，雨量充沛。

上海新世界购物中心

行政区划

上海市为中国四个直辖市之一，下辖黄浦区、卢湾区、徐汇区、长宁区、静安区、普陀区、闸北区、虹口区、杨浦区、宝山区、闵行区、嘉定区、浦东新区、松江区、金山区、青浦区、南汇区(惠南镇)、奉贤区(南桥镇) 18 个区和崇明县(城桥镇)1个县。

档案馆	
简 称	沪、申
面 积	6340.5平方千米
常住人口	1778万（2005年统计）
民 族	汉、回、满等

"本邦菜"

上海菜俗称"本邦菜"，是由上海本地的家常菜发展而来的。上海菜是中国最主要的菜系之一，擅长烹制海鲜河鲜，口味清淡，做工精细。上海特色菜有清蒸大闸蟹、灌汤虾球、虾子大乌参、生煎馒头、梅花糕等。

上海人最擅长烹制河鲜。

"上海市市花"——白玉兰

上海市四季温暖宜人，特别适合白玉兰的生长。每到清明节前，市区内白玉兰盛开，花朵大而洁白，清香宜人，朵朵向上。1986年，经上海市人大常委会审议通过，白玉兰被提名为"上海市市花"。

上海里弄

上海里弄建筑始于19世纪60年代前后，包括老式石库门、广式房屋、新式石库门、新式里弄、花园里弄和公寓里弄建筑等几种类型。解放后，很多里弄建筑被改建，改建时既保持了其外部结构原貌，又对内部结构进行了调整，基本上保留了原有的建筑风格。

黄道婆

名人堂

黄道婆（生卒年不详）：祖籍上海，中国南宋杰出的女纺织家。她早年在海南学习棉纺织技术，晚年回到上海松江一带，对当地纺织工具做了大量改进，并制作出三锭棉纺车，使纺纱速度提高了三倍。棉纺车的发明使松江一带的棉纺织品远销各地，也使当地成为全国棉纺织业的中心。

上海里弄

上海建筑

东方明珠广播电视塔

上海市的标志性建筑

东方明珠广播电视塔位于浦东区陆家咀的"嘴尖"上，总高度465米，像一个巨人屹立于黄浦江畔。主塔由三根直径为9米的擎天立柱，串起直径分别为14米、45米、50米的三个大球体以及一连串的小球。东方明珠还拥有可同时载重50人的双层电梯和时速达7米/秒的电梯，为目前国内所仅有。

外滩风貌

最具特色的上海景观

外滩是位于白渡桥至金陵东路的一段黄浦滩，由黄浦江、长堤、绿化带以及各式建筑群组成，是上海最具特色的景观。其中矗立在外滩广场上的陈毅塑像、海关大楼对面的水幕钟，皆是外滩最负盛名的风景。此外，外滩夜景堪称一绝。每当夜幕降临之时，外滩处处灯火辉煌，黄浦江水映现着璀璨的灯火，景致十分迷人。

"中华第一高楼"

金茂大厦

上海金茂大厦位于陆家咀金融贸易区，与外滩风景区隔江相望。大厦占地2.3万平方米，楼高420.5米，主体建筑呈八角形，被誉为"中华第一高楼"。金茂大厦集现代办公楼、豪华五星级酒店、商业会展、高档宴会、观光、娱乐、商场等综合设施于一体，已成为当今上海最方便舒适的办公、金融、商贸、娱乐和餐饮场所。

休闲步行街

　　上海新天地坐落于上海市中心，是由上海市独特的石库门里弄旧区改造而成的，现已成为一条集餐饮、商业、娱乐、文化于一体的休闲步行街，其内设施具有国际水平。上海新天地的建筑风格为中西合璧，即将上海传统的石库门里弄与充满现代感的新建筑融为一体。目前在此落户的商家有星巴克咖啡、凯博西餐厅、沙宣（上海）美发研修中心等等。

上海商业区

上海市民最珍爱的建筑

　　上海大剧院位于上海市中心的人民广场，是上海市民最珍爱的建筑之一。剧院总高度为40米，共包括三个剧场。其中大剧场拥有1800个座位，用于上演芭蕾、歌剧和交响乐；中型剧场拥有550个座位，适合地方戏曲的演出；小剧场拥有250个座位，可以进行话剧和歌舞表演。

上海人民广场

昔日的上海跑马厅

　　昔日上海最著名的赛马赌博的场所——"上海跑马厅"，在新中国成立后，被改造成现在的人民公园和人民广场。人民公园内建有各种游乐设施，供市民休闲娱乐；人民广场内则有市政大厦、上海大剧院、上海博物馆等建筑，富有现代气息。

上海大剧院

杨浦大桥

杨浦大桥是黄浦江上的第二座大桥,是世界上最大的跨径双塔双索面斜拉桥。大桥横跨黄浦江,于1993年建成通车,是上海市的代表建筑之一。桥身总长度为7553米,桥塔高220米,大桥体积为世界同类桥梁之最。此外,桥两侧还设有观光人行道,另有4部用以登上主桥的电梯,大桥桥名为邓小平同志亲自题写。

杨浦大桥

南浦大桥

跨越黄浦江的南浦大桥

上海市南浦大桥于1991年建成通车,是上海市自行设计、建造的第一座跨越黄浦江的双塔双索面迭合梁斜拉桥。桥身全长8346米,主桥总宽度为30.35米。大桥主塔高154米,两侧桥墩处各设有50米高的2座电梯楼,与主桥两侧的人行道相通,方便游人攀登,尽览四周景色。

"文物界的半壁江山"

上海博物馆位于上海市中心的人民广场,建成于1996年,是闻名中外的古代艺术博物馆。博物馆建筑面积达三千八百平方米,分地下两层,地上五层。馆内设有青铜器、陶瓷、书法、绘画、雕塑、玉器、家具等12个专馆,目前已藏有珍品12万件,在国内外皆享有"文物界的半壁江山"的美誉。

上海博物馆

环境幽雅的宋庆龄故居

宋庆龄故居位于上海市淮海中路，主体建筑为一幢乳白色的西式楼房（宋庆龄于1948年年底开始在这里居住）。现今故居内的陈设仍和宋庆龄生前一致，故居底层是过厅、客厅、餐厅和藏书室。过厅中陈列着林伯渠同志赠送给宋庆龄的"百鸟朝凤"石刻摆件以及外国友人赠送的风景油画。故居北墙正中悬挂着孙中山先生的遗像，房前是一大片草坪，四周种有终年苍翠的樟树，环境幽雅。

宋庆龄故居周围环境幽雅。

鲁迅纪念碑

孙中山先生在上海的寓所

孙中山故居位于上海市香山路，为我国伟大的民主革命家孙中山先生在上海的寓所（1918年～1925年），是旅居加拿大的华侨集资买下并捐赠给他的。故居是一座融合中、西方建筑特点的两层砖木结构楼房，内有孙中山先生的遗物，具有极强的珍藏价值。故居于1961年被国务院公布为首批"全国重点文物保护单位"之一。

鲁迅先生与世长辞的地方

上海鲁迅故居位于上海市山阴路，是一幢红砖红瓦的三层楼房，为中国著名文学家、革命家鲁迅先生在上海居住和工作的寓所（1933年～1936年，鲁迅先生于1936年在这里与世长辞）。故居是鲁迅先生从事文字创作，组织文学和革命活动的场所。故居于1951年作为上海鲁迅纪念馆的组成部分对外开放，屋内陈列着鲁迅先生生前用过的珍贵物品。

中共一大会址

中国共产党的诞生地

中共一大会址位于上海市兴业路76号，是一座二层楼的石库门住宅。1921年7月23日，毛泽东等革命领导人在此召开了中共"一大"，使之成为中国共产党的诞生地。新中国成立后，中国政府在此建立了会址纪念馆。纪念馆内设有辅助陈列室，展出了中国共产党创建时期的文献资料。纪念馆于1961年被国务院列为"全国重点文物保护单位"。

龙华晚钟敲响的地方

龙华寺位于上海市西南，相传是三国时期吴国君主孙权为其母亲修建的（现存建筑是1875年重建的）。寺内主要建筑有弥勒殿、天王殿、大雄宝殿、三圣殿、方丈室和藏经楼六个殿堂。寺庙东西两侧建有钟鼓楼。"龙华晚钟"曾是沪城八景之一，至今已有三百余年的历史。每年农历三月三日的龙华庙会以及一年一度的龙华撞钟迎新年活动，都会在这里举行。

上海龙华寺

玉佛禅寺大雄宝殿

玉佛禅寺

玉佛禅寺位于安远路、江宁路交界处，始建于清朝，原名玉佛寺，是上海著名的佛教寺庙之一。1918年，寺庙不幸毁于战火，重建后的寺庙更名为玉佛禅寺。寺内主要建筑为天王殿、大雄宝殿、玉佛楼。玉佛楼内的玉佛坐像为镇寺之宝，高达1.9米，由整块白玉精雕而成，堪称佛教艺术珍品。

江南古典园林——豫园

豫园坐落在上海市东南部，是明代人潘允端为其父亲建造的，堪称上海最华美的古典园林。庭园分为外院和内院，园中景色优美，环境宜人，最引人注目的建筑是雕刻着四条飞龙的白色围墙。而散布于豫园中的砖雕、石雕、泥塑、木刻等艺术品，均为精雕细作的精品，拥有悠久的历史。

上海豫园

"上海威尼斯"

朱家角又名"珠街阁"，位于上海市西郊淀山湖湖畔，是著名的江南水乡小镇，素有"上海威尼斯"之称。镇上古迹众多，其中最有名的就是放生桥。放生桥是上海地区罕见的大石桥，在古代曾是朱家角镇十景之一，名为"井带长虹"。此外，朱家角镇上还有二十多座石桥，小桥流水之景，分外美丽。

朱家角居民区

2010年上海世博会

世博会是综合反映当代世界各国政治、经济、文化和科技发展水平及成就的大型展示活动，被称为经济、科技、文化界的奥林匹克盛会。中国至今已参加了12次世博会。2010年，以"城市，让生活更美好"为主题的世博会将在上海市举办。

上海世博会的举办将会促进上海市的经济发展。

庙会市场——上海城隍庙

老城隍庙又称城隍庙，位于方浜中路，由明朝知县张守约将金山神庙改建而成，是上海道教正一派的主要道观之一。历史上的城隍庙屡建屡毁，现存建筑为1926年重建的。庙中供奉着上海城隍神秦裕伯和祀霍光。庙内外云集了许多小吃摊、百货摊和杂耍摊，现已形成以豫园九曲桥为中心的庙会市场。

福建 | Fujian

福建海域辽阔，海岸线曲折漫长。这里旅游资源丰富，奇山秀水美不胜收，文物古迹遍布全省。此外，福建还有许多独特的民族习俗，吸引了众多游人前来观光。

福建风光

中国与世界交往的重要窗口和基地

福建省地处中国东南沿海，毗邻浙江、江西、广东三省，与台湾省隔海相望，是中国与世界交往的重要窗口和基地。全省地势西北高、东南低，山地、丘陵占全省面积的90%。省内海岸线长达3324千米，拥有沿海岛屿一千四百多个。

行政区划

福建省辖福州、厦门、漳州、泉州、莆田、三明、南平、龙岩和宁德9个地级市，鼓楼、台江、仓山、马尾、晋安、思明、海沧、集美等23个市辖区；永安、福清、福安、石狮、武夷山等15个县级市；46个县。其中福州市为福建省省会。

档案馆	
简　称	闽
省　会	福州
面　积	25.77万平方千米
人　口	3535万（2005年统计）
民　族	汉、回、高山等

福建厦门

福建美食

福建菜口味鲜嫩，以烹制海鲜见长，代表菜有炒西施舌、清蒸咖喱鱼等。福建还有许多风味小吃，如福州鱼丸、厦门南普陀素菜、宁德鸳鸯面以及莆田醉螃蟹等，深受中外游客的欢迎。

福建醉螃蟹

惠安女

惠安女服饰

福建省泉州市惠安县一带的妇女，服饰十分奇特。惠安女虽属汉族，但其服饰却与汉族传统服饰迥然有别，她们的黄斗笠、花头巾、蓝短衫、黑绸裤、银腰带，在全国民族服饰中独树一帜，被人们风趣地形容为"封建头，民主肚；节约衫，浪费裤。"如今，惠安女的形象已名扬天下。

客家土楼

客家土楼是闽西南地区古老而独特的村寨民居建筑，现主要分布在福建永定、南靖、华安等县，其中永定客家土楼数量（现存两万多座）之多，规模之大，堪称世界之最。客家土楼是以土作墙建造起来的集体民居建筑，呈圆形、半圆形、方形、四角形、五角形等，其中尤以圆形土楼最为引人注目。

戚继光

时空隧道

明世宗年间，一批日本海盗经常在中国东南沿海一带烧杀抢掠，残害百姓，人们把这些日本海盗称作"倭寇"。1556年，倭寇登临福建沿海，骚扰当地百姓，朝廷派出著名将领戚继光前去抗倭。经过一场激战，当地的倭寇全军覆没。此后，戚继光又多次打退了倭寇的进犯，至1565年，横行东南沿海的倭寇被彻底消灭了。

客家土楼

鼓山

福州市最著名的风景区

鼓山位于福州市东郊，是福州市最著名的风景区。该景区以涌泉寺为中心，周围分布着一百多个景点。其主要景观有达摩十八景、白云洞等。其中涌泉寺是福州五大禅寺之首，寺内的"三宝"（指陶塔、雕版、血经）、"三铁"（指铁树、铁锅、铁丝木）价值连城。

纪念林则徐的祠堂

林则徐纪念祠

林则徐纪念祠位于福州市澳门路南端，是为纪念虎门销烟将领林则徐而修建的。纪念祠左右两侧的门墙上，分别题有"中兴宗衮"和"左海伟人"的大字，表达对林则徐伟大功绩的盛赞。在纪念祠内部的树德堂内，供奉着林则徐的坐像。纪念祠正门后的庭院内竖立着石人、石马、石兽等雕刻。

三坊七巷

"明清古建筑的博物馆"

朱紫坊街区位于福州市鼓楼区安泰河边，是明清时期遗留下来的一块街区。街区共包括三坊七巷，保留了近百座明清时期的古宅，被称为"明清古建筑的博物馆"。三坊七巷分布于南后街路的东西两侧。其中三坊即衣锦坊、文儒坊、光禄坊（位于西侧），七巷即杨桥巷、郎官巷、塔巷、黄巷、安民巷、宫巷、吉庇巷（位于东侧）。

于越族居住的山峰

于山位于福州市中心，与乌山石相对，海拔仅58.6米。相传战国时期，曾有一支于越族居住在这里，于山由此得名。于山中文物古迹众多，主要景观有白塔、万象亭、戚公祠、大士殿等。其中戚公祠是为纪念民族英雄戚继光而建的，祠内有蓬莱阁、补山精舍、醉石亭等景观，风景怡人。

于山广场

福州唯一的水中寺

金山寺

金山寺位于福州市西郊洪塘村的乌龙江上，始建于宋代，是福州唯一的水中寺。金山寺包括牌楼、山门殿、钟楼、鼓楼、天王殿、文殊殿、大雄宝殿、法堂等建筑。在金山寺周围，如今仍可寻见古时著名的"金山八景"，即：洪塘古渡、石仓秋烟、妙高钟声、半洲渔火、云程石塔、巴山风帆、环峰夜月、旗麓斜阳。

风景秀丽的湄洲岛

湄洲岛位于湄洲湾湾口的北半部，现已被开辟为国家旅游度假区。湄洲岛是一个面积为16平方千米的小岛，岛上矗立着一座金碧辉煌的庙宇，庙宇内供奉着当地人最为信奉的海神——妈祖。湄洲岛周围林木苍翠，港湾众多，沙滩连绵，风景秀丽。岛屿上盛产石斑鱼，乃鱼中珍品，深受港澳地区人民的喜爱。

湄洲妈祖庙

"闽海蓬莱第一山"

清源山风景名胜区位于泉州市北郊，区内风光秀丽，古迹众多，自古就有"闽海蓬莱第一山"的美誉。清源山上有36个岩洞，包括18处胜景，其中主要景点有老君岩、千手岩、弥陀岩、碧霄岩、清源洞等。老君岩上的老君坐像用天然岩石雕刻而成，是中国现存最大的道教石雕像，堪称石雕艺术精品。

清源山

福建最大的佛教寺庙之一

开元寺位于泉州市西街，是福建省最大的佛教寺庙之一。它始建于唐朝年间，距今已有一千三百多年的历史。寺院南北长260米，东西宽300米，规模宏大，布局严整，主要建筑有天王殿、大雄宝殿、拜亭、甘露戒台、功德堂、水陆寺等。其中大雄宝殿是开元寺的主体建筑，殿内挺立着86根大石柱，号称"百柱殿"。

开元寺

厦门鼓浪屿

"海上花园"

鼓浪屿与厦门市隔海相望，是厦门市旅游景点中最具魅力的景观之一，也是厦门市风景名胜的杰出代表。鼓浪屿海岛景色秀丽多姿，素有"海上花园"的美誉。岛上景点众多，其中日光岩、菽庄花园、浩月园是游览者必经之地。日光岩是鼓浪屿景区的最高峰，已成为厦门市的象征。鼓浪屿背山靠海，气候宜人，空气清新，是绝佳的避暑场所。

千年古刹

南普陀寺位于厦门市五老峰下，素有"千年古刹"之称。寺院历史悠久，主要建筑有天王殿、大雄宝殿、大悲殿、藏经阁等，其中天王殿内供奉着弥勒佛坐像。寺内香火旺盛，每到农历的二月十九、六月十九、九月十九这三个观音的诞生日，许多人都会手持香烛来到这里，祈求健康、财富、平安。

菽庄花园

"海上明珠"

菽庄花园位于鼓浪屿东南海滨，原为私人别墅，于1955年改建为公园。菽庄花园包括藏海园和补山园两大景区。其中藏海园包括眉寿堂、壬秋阁、真率亭、四十四桥和招凉亭五景；补山园包括顽石山房、十二洞天、亦爱吾庐、听潮楼和小兰亭五景。园内景致精巧细致、迂回曲折，素有"海上明珠"之称。

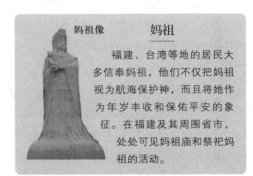

妈祖像　　**妈祖**

福建、台湾等地的居民大多信奉妈祖，他们不仅把妈祖视为航海保护神，而且将她作为年岁丰收和保佑平安的象征。在福建及其周围省市，处处可见妈祖庙和祭祀妈祖的活动。

武夷山

"福建第一山"

武夷山位于武夷山市南郊，是我国著名的游览胜地，素有"奇秀甲东南"的美誉。风景区内有"三三"、"六六"、"七十二"、"九十九"等胜景。其中"三三"指的是碧绿澄清的九曲溪，"六六"指的是千姿百态的三十六峰，另外还有七十二洞穴和九十九座山岩等胜景。

THE GUIDING
TOUR AROUND WHOLE
CHINA

游遍中国·中国学生最想去的100个最美的地方
第五章

华中地区

华中地区包括河南省、江西省、湖北省、湖南省四大省份，土地面积广阔，资源丰富，其中江西、湖北、湖南三省素有"鱼米之乡"之称。华中地区地形以山地和丘陵为主，气候属亚热带季风性湿润气候，四季分明。华中地区还是中国东西南北各地的交汇点，地理位置突出，产业基础良好，已吸引了国内外的众多投资商加大投入。此外，华中地区旅游资源极其丰富，名胜古迹众多，如湖北荆州、襄樊、江西瑞金、井冈山等皆是历史上著名的城市。华中地区还是名人的故乡，涌现出了许多声名显赫的人物。如东晋诗人陶渊明，唐宋八大家成员欧阳修、王安石、曾巩等皆出自于华中地区。

河南 | Henan

　　河南地处中国中原地区，自古以来就是中国的政治、经济、军事要地。区内遍布名山大河、古城遗迹，为著名的旅游胜地。

地形多样的省份

　　河南省地处中国中东部地区，与山西、陕西、河北、山东四省相邻。省内地势西高东低，地形多样，包括山地、丘陵、平原、盆地等。其北、西、南三面雄踞着太行山、伏牛山、桐柏山、大别山四大山脉，中部和东部为辽阔的黄河、淮海冲积平原。

河南洛阳龙门石窟

郑州市观星台

行政区划

　　河南省辖郑州、开封、洛阳、平顶山、安阳、鹤壁、新乡、焦作、濮阳、许昌、漯河、三门峡、南阳、商丘、信阳、周口、驻马店17个地级市；1个省直管市，即济源市；50个市辖区；21个县级市；88个县。其中郑州市为河南省省会。

档案馆	
简 称	豫
省 会	郑州
面 积	16.7万平方千米
人 口	9768万（2005年统计）
民 族	汉、回、满、蒙古等

盘庚迁都

时空隧道

盘庚（生卒年不详）：商代第20位国王。盘庚在位之时，商朝国势衰败，社会动荡不安。为了彻底改变不利局面，盘庚将都城迁到殷（今河南省安阳市），并开始整顿朝廷，发展农业生产，使商朝重新兴盛起来。在商朝定都安阳之后两百多年的时间内，商朝的都城都没有再搬迁过，故后人称商朝为殷商或殷朝。

河南美食

河南省美食众多，最著名的有汴京烤鸭、黄焖鱼、馄饨、油茶、糊辣汤、八宝粥等。此外，河南凉粉堪称一绝。把用红薯粉、绿豆粉做成的凉粉切成薄片，再加入豆酱和辣椒，炒成焦黄状，味道十分独特。

可口的八宝粥

豫剧是河南著名剧种之一。

河南豫剧

豫剧是河南省的主要剧种之一，原称"河南梆子"，因河南省简称"豫"，故"河南梆子"后被定名为豫剧。豫剧的流行地区甚广，在祖国大江南北、黄河两岸以至新疆、西藏等地皆可见到。豫剧传统剧目约有七百余出，其中较具代表性的有《对花枪》、《三上轿》等。新中国成立后，经过推陈出新，豫剧出现了一批优秀的新剧目，如《穆桂英挂帅》、《破洪州》等，受到人们的普遍欢迎。

传统节日

河南省保存了中原地区的许多传统节日。每年农历的二月初二是当地的"龙抬头节"或"青龙节"。这一天，河南省的农村妇女一般都不动剪刀，不做针线活，以避免伤害龙体。每年农历的七月初七是"乞巧节"，在初六晚上，未出嫁的姑娘们七人一组聚在一起，摆好供品，向织女祈祷，希望自己能成为巧手。

豫剧《花木兰》剧照

五岳之一——嵩山

嵩山位于郑州市登封县境内，以险、峻闻名天下。嵩山分为太室、少室两座山，两山各有36峰，其中太室山顶峰峻极峰是嵩山最高峰。嵩山山势挺拔，层峦叠嶂，名胜古迹众多，主要有岳庙、嵩阳书院、少林寺、塔林等建筑。其中岳庙是中国最早的道教庙宇，嵩阳书院是中国宋代四大书院之一，塔林则是埋葬寺内和尚的陵墓，在佛教界颇有名望。

嵩山

天下第一名刹

少林寺塔林

少林寺位于嵩山市，因建在少室山下的密林中而得名。少林寺是少林武术的发源地，被誉为"天下第一名刹"。整个建筑气势宏伟，装饰精致，充分体现了中国古代建筑艺术的独特风格。寺内藏有自北齐以来的历代石刻四百余件，唐至清代的砖石墓塔二百五十余座，这些藏品皆具有较高的历史、艺术和科学价值。

开封铁塔

宋代砖雕艺术的杰作

开封铁塔又名"开宝寺塔"，位于开封市东北的铁塔公园内。因塔身镶嵌着褐色的琉璃瓦，远远看去酷似铁色，故称"铁塔"。铁塔高55.88米，共13层，呈等边八角形。铁塔设计精巧，结构坚固，历经数次地震和洪涝灾害，仍巍然屹立。塔身砌满了花纹砖，上有飞天、麒麟、菩萨、狮子等五十余种花纹图案，造型优美，神态生动，堪称宋代砖雕艺术的杰作。

中国著名的佛教寺院之一

大相国寺位于开封市中心，是中国著名的佛教寺院之一。寺院于明朝末年被黄河洪水冲毁，于1766年得到重建。大相国寺现存建筑包括藏经阁、大雄宝殿、天王殿、八角殿等。寺内还保存着两件国家级文物，即八角殿内的四面千手千眼观世音巨像和钟楼内的一口高达四米的大钟。其中观音巨像雕刻精细，是中国古代木雕艺术中的杰作。

河南大相国寺

千古名园

禹王台位于开封城墙外东南部，始建于春秋时期，相传晋国的盲人乐师师旷常在此地吹奏古乐，故名"吹台"。明朝年间，当地政府为纪念大禹的治水功德，在吹台上建造了一座禹王庙，吹台也改名"禹王台"。现在的禹王台被改建为公园，主要有古吹台、御书楼、乾隆御碑亭、三贤祠、禹王殿、牡丹园、石榴园等景点。这里景色宜人，是名副其实的千古名园。

古都开封

中国第一座佛寺

白马寺位于洛阳市东20千米处，是中国第一座佛寺。它始建于公元68年，至今已有近二千年的历史。整座白马寺由砖墙环绕，主要建筑有天王殿、大佛殿、大雄宝殿、接引佛殿等。大佛殿的正殿供奉着释迦牟尼像。寺前有一匹石雕白马，雕刻于宋代，据说是从宋太祖赵匡胤的女婿魏咸信的墓前移来的。

洛阳白马寺

中国三大关林之一

河南关林位于洛阳市南7千米处，又称关帝冢，是中国三大关林之一，相传三国时期蜀国名将关羽的头就葬在这里。关林占地百亩，拥有殿宇廊庑150余间，古碑刻70余方，石坊4座，大小狮子110多个，古柏800余株。其主要建筑有关羽庙和关帝陵，院内古柏参天，幽静雅致。每年一度的关林庙会在关林庙举行，为中原地区最大的庙会。

洛阳关林

光武帝陵

东汉开国皇帝的陵墓

汉光武帝陵位于洛阳市孟津县白鹤镇，是东汉开国皇帝——刘秀的陵墓。它由陵园和光武祠组成，其中刘秀的陵墓坐落在陵园正中央。陵墓前有一座拜殿，殿前通道两旁排列着28株巨柏。光武祠位于陵园西侧，由阙门、碑廊、二十八宿馆、光武殿等组成，是祭祀光武帝的祠院。

中国三大石窟之一

龙门石窟位于洛阳市南12千米处，始建于北魏孝文帝时期，与大同云冈石窟、敦煌莫高窟并称为中国三大石窟。龙门石窟现存佛洞、佛龛2345个，佛塔四十多座，佛像十万多尊，其中最大的佛像高达17.14米，最小的仅有2厘米高。石窟内还存有历代造像题记和碑刻三千六百多件，十分珍贵。

洛阳龙门石窟

秀丽的三门峡

风光秀丽的三门峡

三门峡位于洛阳市东侧，相传大禹治水时，用神斧在此处劈成人门、神门、鬼门三道峡谷，三门峡由此得名。三门峡的旅游资源得天独厚，著名古迹有仰韶文化遗址、函谷关、中国古代四大回音建筑之一的宝轮寺塔等。三门峡还拥有秀丽的自然风光，其中黄河游览区、避暑胜地温泉风景区、举世闻名的黄河大坝等，都是著名的景点。

安阳的象征

文峰塔又名天宁寺塔，位于安阳市老城西北角的天宁寺旧址，始建于五代后周广顺二年（公元952年），被视为安阳市的象征。文峰塔高38.65米，塔楼体积自下而上逐渐增大，造型独特，世所罕见。塔身分五层八面，其中第七层莲花座下依平台，上承塔身。塔顶为高10米的塔刹，塔刹顶上的平台十分宽敞，可容纳二百余人。塔身下部有8根盘龙柱，绘有精美绝伦的佛教故事浮雕，为中外游人所称赞。

洛阳牡丹

洛阳是世界上最早的牡丹栽培中心，现已有1500年的历史。洛阳牡丹以花朵大、色艳、花期长、香味浓、品种繁多、栽培技艺高超著称于世，素有"洛阳牡丹甲天下"的盛誉。现今，洛阳市各处的花园、街区已遍植牡丹。每年4月中下旬，牡丹花开放时，洛阳市都会举办隆重的牡丹花会，供市民观赏。

洛阳牡丹甲天下

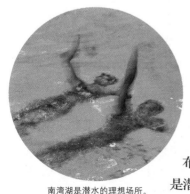

南湾湖是潜水的理想场所。

清澈如镜的南湾湖

南湾湖位于信阳市西南8千米处，湖面东西宽20千米，南北长50千米，四周群山环抱，层峦叠嶂，与瑞士来蒙山区的景色非常相似。湖中洲岛错落，东有隐贤寺，西有蜈蚣岭，南有龙潭瀑布，北有渡口码头。南湾湖水晶莹碧绿，清澈如镜，是潜水、游泳、划船、垂钓的理想场所。

江西 | Jiangxi

江西三面环山，地形独特，山川秀丽，风景优美。省内土地辽阔，物产丰富，人民安居乐业。此外，江西省人才辈出，自古便享有"物华天宝，人杰地灵"的盛誉。

山顶、丘陵遍江西

江西德兴三清山美景

江西省位于中国东南部，长江中下游南岸，东邻浙江省、福建省，南接广东省，西接湖南省，北临湖北省、安徽省。江西省地形以山地、丘陵为主，东、西、南三面有武夷、罗霄、南岭等山岭环绕，中部为丘陵、盆地，北部为平原。赣江、抚河、信江、修河和饶河为江西省五大河流。

鄱阳湖

档案馆	
简　　称	赣
省　　会	南昌
面　　积	16.69平方千米
人　　口	4311.2万（2005年统计）
民　　族	汉、回、侗等

行政区划

江西省辖南昌、九江、景德镇、萍乡、新余、鹰潭、赣州、宜春、上饶、吉安、抚州等11个地级市；东湖、西湖、青云谱、湾里、青山湖、珠山、昌江、安源、湘东、浔阳、庐山等19个市辖区；10个县级市；70个县。其中南昌市为江西省省会。

美食广场

三杯鸡

江西美食种类繁多，包括南昌、九江、景德镇及井冈山等地的特色风味。江西菜以善烹山珍野味和水产闻名，其中鄱阳湖狮子头是南昌名菜，制作独特，味道鲜美；浔阳鱼席为九江特色，菜品色重油浓，口感肥厚。此外，三杯鸡、香质肉、冬笋干烧肉、原笼船板肉、石鱼炒蛋、浔阳鱼片、炸石鸡、米粉牛肉、黄元米果等也是江西美食。江西小吃闻名世界，其中南昌米粉历史悠久，洁白细嫩，久煮不烂，口感尤佳。

江西特产

江西特产种类繁多。其中名茶有庐山云雾茶、武宁红茶、井冈山翠绿茶等。江西山林特产有油茶、松香等。江西还出产四大名砚，即修水赭砚、玉山罗纹砚、婺源龙尾砚、星子金星砚。土纸也是江西传统土特产，如瑞金玉扣纸、永丰毛边纸等。江西传统手工艺品还有进贤李渡毛笔、万载夏布、铅山竹编工艺品等。

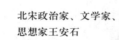

北宋政治家、文学家、思想家王安石

人才辈出的江西

江西自古以来即是一个经济、人文发达的大省。千百年来，江西人才辈出，如明建文二年（公元1400年）科考，状元胡广、榜眼王艮、探花李贯均为江西吉安府（今江西省吉安市）人氏。在当时，人们用"一门五进士、隔河两宰相"来形容吉安府人才济济的盛况。此外，江西人氏陶渊明、欧阳修、曾巩、王安石、朱熹、文天祥、宋应星、汤显祖、詹天佑等文学家、政治家、科学家皆是中国历史上赫赫有名的人物。

东晋田园诗人陶渊明

名人堂

陶渊明（公元365年~427年）：字元亮，别号五柳先生，祖籍江西九江，东晋时期著名的诗人。陶渊明性情直率，四十一岁出任彭泽县令，上任八十多天便弃职而去，从此归隐田园，一边读书作诗，一边种田，生活十分清苦。陶渊明的作品感情真挚，朴素自然，其名作《桃花源诗》及《桃花源诗并序》，至今仍是中国文学史上的经典。

壮观的滕王阁

江西第一楼

　　滕王阁位于南昌市沿江路赣江沿岸，因初唐四杰之一——王勃的《滕王阁序》而名满天下，素有"江西第一楼"的美誉。滕王阁始建于唐朝，后几经损毁，又多次被重建。现存的滕王阁重建于1989年，楼高9层，共57.5米。滕王阁中收藏了许多书法和壁画精品，其中"落霞与孤鹜齐飞，秋水共长天一色"的联语为毛泽东主席手书。登上滕王阁，可尽览四周景色。

具有革命意义的南昌八一起义纪念馆

　　南昌八一起义纪念馆位于南昌市中山路和胜利路交汇处，原为江西大旅社。1927年，贺龙同志在江西省南昌市协助周恩来同志发动南昌起义，江西大旅社在当时即为南昌起义的总指挥部。1957年，江西人民将总指挥部旧址改建成南昌八一起义纪念馆。纪念馆门楣上悬挂着陈毅元帅手书的金匾，一楼按原貌恢复了喜庆礼堂，二楼、三楼开辟了陈列室，展出了当年的历史文物和照片。

南昌八一起义纪念馆

井冈山

革命的摇篮

　　井冈山位于江西省西南部，以"革命的摇篮"享誉海内外。1927年，毛泽东与朱德率领的红军起义部队在井冈山胜利会师，使井冈山从此成为中国革命的重要根据地。井冈山风景秀丽，革命遗址众多，主要分为茨坪、黄洋界、龙潭、主峰、桐木岭、湘洲、笔架山、仙口八大景区。区内夏无酷暑，冬无严寒，气候宜人，为著名的旅游胜地。

中国第一大淡水湖

鄱阳湖位于江西省北部长江中游南岸，湖水总面积为3583平方千米，南北长170千米，东西最宽处达70千米，是中国第一大淡水湖。每年春夏之交，鄱阳湖湖水猛涨，水面迅速扩大；但到了冬季，湖水剧降，湖面骤然缩小，湖泊面积仅有140余平方千米。鄱阳湖中水生动植物丰富，约有鱼类122种、浮游植物50种。湖水清澈碧绿，生态环境良好。

鄱阳湖美景

琵琶亭位于九江长江大桥东侧。

名扬天下的琵琶亭

琵琶亭位于九江市长江大桥东侧，始建于唐代，相传为唐代诗人白居易"浔阳江头夜送客"处。此亭屡经损毁，于1988年重建于长江大桥引桥东侧。重建后的琵琶亭为六角双层，碧瓦红柱，周围护以白石栏杆。亭内展出了白居易的诗文及画像，台基上有用汉白玉雕塑的白居易像，高达3米。

庐山享有"匡庐奇秀甲天下"的美誉。

匡庐奇秀甲天下

庐山古称"匡庐"，位于江西省北部，素有"匡庐奇秀甲天下"的美誉。相传周朝有匡氏兄弟上山修道，在此建屋居住，"匡庐"由此得名。庐山风景区内有河流、湖泊、坡地、山峰等多种景观。这里气候宜人，风景如画，是著名的避暑胜地，历代以来吸引了许多名人到此游览，其中李白、苏东坡、白居易、陆游等都在此留下了许多名篇佳句。

登上浔阳楼，四周景色一览无余。

俯瞰长江的浔阳楼

　　浔阳楼位于九江市东北长江边，相传是梁山好汉聚义反宋的地点之一。楼高31米，共有三层。其中一楼大厅有两幅宽4.5米、高3.2米、用600块彩瓷砖拼成的"宋江题反诗"和"劫法场"大型壁画。二楼展厅陈列的"水泊梁山108名好汉"瓷雕彩绘像，是精美的景德镇瓷雕艺术珍品。三楼有平座围廊，可登高远眺。

宋代四大书院之一

　　白鹿洞书院位于庐山五老峰南麓后屏山下，是宋代四大书院之一，著名理学家陆象山、王阳明等都曾在此讲学。现存白鹿洞书院是以礼对殿为中心，由明伦堂、文会堂、御书阁、朱子阁、思贤台等众多殿堂组成的古建筑群。书院秀丽的自然风光，古色古香的建筑群和珍贵的文物，吸引了众多游人前来观光。

白鹿洞书院位于庐山五老峰南麓后屏山下。

鞋山

　　鞋山即鄱阳湖上的大孤山，因其外形酷似一只鞋子，故此得名。鞋山上本有许多古代建筑，但都毁于战乱中。近年来，山上重建了望庐亭、云眠亭、宝塔、寺庙等建筑，山下修建了停泊游船的码头。此外，鞋山上栖息了许多水鸟，其中有一种叫做"乞食鸟"，这种鸟眼尖爪快，若旅客向它们抛掷食物，不论高低，它们都能准确捕获，非常有趣。

大孤山上栖息着许多水鸟。

龙虎山

中国三大道教名山之一

龙虎山位于江西省鹰潭市西南20千米处，与湖北武当山、安徽齐云山并称为中国三大道教名山。据说东汉中叶时，道教创始人张三丰曾在此炼丹，"丹成而龙虎见"，此山由此得名。龙虎山地貌为我国典型的丹霞地貌，境内有九十九峰、二十四岩、二十多处水井丹池和流泉飞瀑，融自然景观和人文景观于一体，风格独特。

溶岩洞穴狮子洞

狮子洞位于九江市九江县城正西5千米处的狮子山，是典型的溶岩洞穴。全洞长500米，内有四十多个景观，其中有石塔、石菊、石莲、石禽、石兽等各式各样的石雕，形态栩栩如生。狮子洞景物集中、造型奇特、石质晶莹、雕塑感强，赢得了中外游客及地质学家的高度赞誉。

景德镇出产的釉里红团龙葫芦瓶

"江南第一仙峰"

三清山位于江西省东北部德兴市、玉山县的交界处，历来都是道教胜地。其中主峰玉京峰海拔1817米，是三清山的最高峰，自古就享有"江南第一仙峰"的盛誉。三清山共分为七大景区，即三清宫、梯云岭、三洞口、玉灵观、西华台、石鼓岭和玉京峰。区内风景优美，气候宜人，是著名的游览胜地。

景德镇瓷器

自隋唐五代以来，景德镇瓷器就以其制作精美、品种齐全而名扬天下，素有"瓷都"之称。景德镇瓷器的四大特点是：白如玉、明如镜、薄如纸、声如磬。而今天的景德镇，已经成为集研发、制造、科研、销售为一体的制瓷中心。

湖南 | Hunan

湖南位于长江中游南岸，古称"潇湘"、"三湘"。三湘大地历史悠久，钟灵毓秀，旅游资源丰富。境内拥有众多的少数民族，民族风情浓郁。

马蹄形的省份

湖南省位于长江中游、洞庭湖以南，东与江西省为邻，北临湖北省，西接重庆市、贵州省，南连广东省、广西壮族自治区，是中国的东南腹地。境内三面环山，

张家界山林胜景

自东、南、西三面向北倾斜开口，形成马蹄状。省内东有幕阜山、罗霄山脉；南有南岭山脉；西有武陵山、雪峰山脉。北部为洞庭湖平原，海拔在50米以下。中部大都为丘陵地带，并拥有众多宽广的盆地和谷地。

湖南张家界

行政区划

湖南省辖长沙、株洲、湘潭、衡阳、邵阳、岳阳、常德等13个地级市；1个自治州，即湘西土家族苗族自治州。地级市和自治州下辖34个市辖区，16个县级市，65个县，7个自治县。长沙市为湖南省省会。

档案馆	
简　　称	湘
省　　会	长沙
面　　积	21.1875万平方千米
人　　口	6732.1万（2005年统计）
民　　族	土家、苗、汉、白、壮等

中国八大菜系之一

湖南菜又称"湘菜"，是中国八大菜系之一。湘菜品种繁多，制作精细，口味偏重于酸、辣。湖南特色菜主要有白辣椒鸡胗、洞庭野鸭、冰糖湘莲、金钱鱼、腊味合蒸、火宫殿臭豆腐、小炒肉、剁椒鱼头、烟熏腊肉等。

湖南美食之一——剁椒鱼头

屈原

时空隧道

战国时期，楚国的忠臣屈原由于奸臣的离间和国君的昏愦，被流放到湖南。到了湖南后，屈原经常在汨罗江边徘徊，感叹世道的昏黑。公元前278年，楚国都城被攻陷，屈原听到这个消息，悲痛不已，跳进汨罗江自尽。为了纪念屈原，当地人在五月初五（屈原跳江之日）包粽子、赛龙舟，"端午节"由此产生。

名人的诞生地

湖南省地处中国东、西部地区的交汇点，地理位置优越，人杰地灵，涌现出了王夫之、谭嗣同、黄兴、宋教仁等著名历史人物，更诞生了毛泽东、刘少奇、任弼时、彭德怀、贺龙、罗荣桓等一大批革命家、政治家、军事家。

鱼米之乡

湖南省地域辽阔，物产富饶，自古就有"湖广熟，天下足"的盛誉，是著名的"鱼米之乡"。全省主要农副产品如粮食、棉花、油料、苎麻、烤烟以及猪、牛、羊肉的产量均排在全国前十位。其中苎麻产量居全国第一，猪肉产量位居第二，烤烟产量位居第四，粮食产量位居第六，而水稻产量多年居全国之冠，使湖南省成为中国著名的余粮大省。

张家界的清山秀水

湖南长沙市景

冬暖夏凉的岳麓山

岳麓山位于长沙市湘江西岸，总面积5.53平方千米，最高峰海拔297米，是衡山七十二峰之一。境内山涧幽深，峰峦挺拔，林木葱翠，景致幽雅，主要景点有爱晚亭、岳麓书院、麓山寺、望湘亭、唐李邕麓山寺碑、宋刻禹王碑等。岳麓山景区于1975年被辟为岳麓山公园，1972年湘江大桥建成后，岳麓山、桔子洲和长沙市区融为一体，景致尤佳。

"道林三百众，书院一千徒"

岳麓书院位于长沙市岳麓山下的湖南大学内，是全国重点文物保护单位。它依山而建，主要建筑有讲堂、文昌阁、御书楼、湘水校经堂、六君子堂、崇道祠等。岳麓书院还是中国古代四大书院之首，北宋时期的著名学者朱熹曾在这里讲学，使岳麓书院享有"道林三百众，书院一千徒"的盛誉。

湖南大学校园景色

橘子洲位于湘江之中。

湘江中的长带——橘子洲

在长沙市西南的湘江之中，有一座长约五千米的岛屿——橘子洲。橘子洲呈长带状，这里柳绿花香，橘林片片，江涛滚滚，风景如画。毛泽东主席在青年时期，常与同学一起来这里游泳，锻炼身体，后在著名诗词《沁园春·长沙》中描绘过橘子洲。橘子洲内现建有公园，景色优美，园内存有毛主席亲笔题写的"橘子洲头"四个大字。

枫树林中的爱晚亭

爱晚亭位于长沙市岳麓山山峰环抱之中，由四根大红柱支撑着亭角，远看像是要展翅飞翔。爱晚亭始建于清乾隆年间，于1952年重修，匾额上的"爱晚亭"三个大字是毛泽东主席亲笔题写的。爱晚亭四周枫林密布，每到秋天，山上遍布红叶，景色迷人，让人不禁想起唐朝诗人杜牧"停车坐爱枫林晚，霜叶红于二月花"的诗句。

爱晚亭

幽雅宁静的刘少奇故居

刘少奇故居（刘少奇同志于1898年出生在这里）位于长沙市宁乡县花明楼，是一栋坐东朝西的四合院，内有三个天井。故居正门上悬有"刘少奇同志故居"的匾额，为邓小平同志亲笔题写。故居前有池塘，后临小山，环境幽雅宁静，于1988年被国务院列为"全国重点文物保护单位"。

轰动世界的墓地

马王堆汉墓发掘于湖南省长沙市，共包括三座坟墓，分别为西汉初期长沙国丞相利仓和他的妻子、儿子的墓葬。墓葬共出土珍贵文物三千多件，绝大多数仍保存完好。其中包括制作精美的各种漆器、乐器、兵器、印章和各种各样记载着当时生活情景的帛书。这些文物不仅品种繁多，且艺术性极高，十分珍贵。马王堆汉墓的发掘堪称一项惊人的发现，引起了全世界的关注。

马王堆汉墓出土的汉简

千古名楼

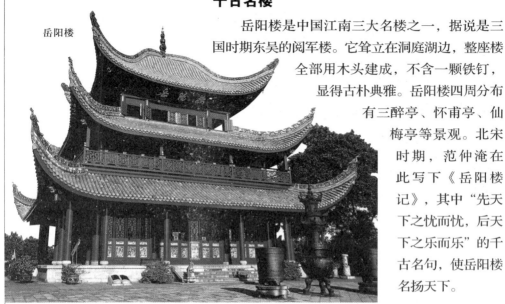

岳阳楼

岳阳楼是中国江南三大名楼之一，据说是三国时期东吴的阅军楼。它耸立在洞庭湖边，整座楼全部用木头建成，不含一颗铁钉，显得古朴典雅。岳阳楼四周分布有三醉亭、怀甫亭、仙梅亭等景观。北宋时期，范仲淹在此写下《岳阳楼记》，其中"先天下之忧而忧，后天下之乐而乐"的千古名句，使岳阳楼名扬天下。

美景天堂——张家界

张家界国家森林公园位于湖南省张家界市境内，是中国第一个国家森林公园。境内自然风光优美，拥有壮观的峡谷、奔涌的河流、陡峭的山峰、深邃的溶洞等景致，被誉为"一颗璀璨的风景明珠"。景区内还遍布奇石，形态各异，有的像铜墙铁壁，有的如盆景古董，令人叹为观止。

张家界自然风光

电影《芙蓉镇》的拍摄地

电影《芙蓉镇》的拍摄地

芙蓉镇位于湘西猛洞河东，是一个幽静的小山村，因著名电影《芙蓉镇》曾在这里取景、拍摄而得名。芙蓉镇三面环水，街道由光滑的青石板铺成，河边耸立着一栋栋土家族吊脚楼，显得清新秀丽。芙蓉镇已具有两千多年悠久的历史，村内聚居着汉族、苗族、土家族等不同民族，民风淳朴。

"天子坟"炎帝陵

炎帝陵又称"天子坟",位于湖南省株洲市炎陵县城西南。据说这里是中华民族的始祖——炎帝死后安葬的地方。陵区由炎帝墓冢、大殿、祭区、炎帝圣变迹、炎陵十大景区组成。其中大殿面积为3000平方米,分为四进。第一进为午门,左右为戟门,内有丹墀;第二进为行礼亭,左右两侧有碑房;第三进为主殿,正中供有炎帝坐像;第四进为墓碑亭,亭后为墓冢。陵区内林木参天,陵殿金碧辉煌,气势宏伟,令人肃然起敬。

炎帝陵

湘西吊脚楼

来到湘西,游人经常可以看到古色古香、风格独特的吊脚楼。吊脚楼的一端以河岸为支撑点,另一端则悬在水面上。高高的悬柱立在水边,与周围的山水自然地融为一体。吊脚楼的优点是既能通风防潮,又能节约土地,有的人家还在悬柱间的空地上喂养家畜。

洞庭东山图

沈从文的出生地

沈从文是中国著名的文学家、历史学家、文物专家,其故居位于湘西凤凰古城中。沈从文故居是个小巧的四合院,分为前后两栋,共有房屋10间。沈从文先生逝世后,故居经过重修向游人开放,现已成为"省级文物保护单位",吸引了众多游人前来参观。

"八百里洞庭"

洞庭湖横跨湖南、湖北两省,又称"八百里洞庭",是中国第二大淡水湖。这里湖外有湖,湖中有山,水天一色,景色秀美。景区内许多景点都是国家级风景区,如岳阳楼、君山、杜甫墓、屈子祠、跃龙塔、文庙、龙州书院等。洞庭湖水灌溉了大量的田地,使当地盛产河蚌、黄鳝、洞庭蟹、财鱼、君山名茶、罗汉竹、紫竹、斑竹等,物产富饶。

THE GUIDING
TOUR AROUND WHOLE
CHINA

游遍中国·中国学生最想去的100个最美的地方

第六章

西南地区

　　西南地区包括四川省、云南省、贵州省、重庆市、西藏自治区等省市，这里山河壮美，风光秀丽，人文古迹众多，诞生了许多历史名人。西南地区土地面积广阔，平均海拔较高，境内多高山大河，景色壮观。世界第一大山脉喜马拉雅山、青藏高原、四川盆地、云贵高原等都在此地区范围之内。区内自然条件优越，资源丰富，发展潜力大，可建成以冶金、机械、化工、军工为主的重工业基地，强大的林牧业基地。西南地区还是东南亚国家的"能源库"，是中国重要的水电基地。此地区还是少数民族聚居区，境内拥有全国一半以上的民族，民风淳朴，民族文化独特。

西藏 | Xizang

在神秘而美丽的"世界屋脊"——西藏，不仅有一望无际的苍苍高原，还有连绵不断的雪山和世代流传的宗教文化。西藏凭借独特的魅力，吸引了世人的关注。

西藏阿里草原

西南边疆的重要门户

西藏自治区位于中国西南部，平均海拔在四千米以上，是青藏高原的主体部分。它北邻新疆维吾尔自治区，东北紧靠青海省，东接四川省，东南紧邻云南省，西南与缅甸、印度、不丹、尼泊尔等国接壤，国境线长达三千八百多米，是中国西南边疆的重要门户。

西藏高原

档案馆

简　称	藏
自治区首府	拉萨
面　积	122.84万平方千米
人　口	277万（2005年统计）
民　族	藏、汉、回、纳西等

行政区划

西藏自治区现辖1个地级市，即拉萨；6个地区，即日喀则、那曲、昌都、阿里、林芝、山南；1个市辖区；1个县级市；71个县。拉萨市为西藏自治区首府。

唐太宗接见前来迎娶文成公主的吐蕃使者禄东赞。

时空隧道

　　唐太宗时期，西藏吐蕃王朝国王松赞干布为和唐朝保持友好关系，多次派使臣到长安，向唐朝王室求婚。公元641年，唐太宗将文成公主嫁往吐蕃，并让她将中原地区独有的谷物、果蔬的种子以及医药、种植、工程技术、天文历法等方面的书籍带到当地。文成公主在西藏生活了四十年，促进了中原地区和西藏在各方面的交流。

西藏的"红食"和"白食"

　　西藏有很多美食，主要可分为"红食"与"白食"（"红食"指肉食，"白食"指奶制品）。其中较具特色的饮食有灌肠、青稞酒、奶茶、酥油茶、牛羊手抓肉、烤羊肠、风干肉等等。

西藏雅鲁藏布江秋色

西藏特产

　　西藏自治区地大物博，自然资源丰富，西藏人靠自己的聪明才智，创造了许多有地方特色的物产。西藏人擅长制作传统手工艺品，其中日喀则地毯、江孜藏毯、江孜卡垫等，都是精美的手工艺品。西藏盛产名贵药材，如熊胆、麝香、冬虫夏草、雪莲等皆是天然良药。此外，西藏的珠宝、首饰种类繁多，古朴自然。

哈达

　　哈达是藏族人民作为礼仪所用的丝织品，是社交活动中的必备品。藏族人民自古以来就有使用洁白的哈达来表达自己真诚、纯净心愿的习俗。哈达在很多场合皆可使用，如红白喜事、迎来送往等等。根据不同的用场，哈达的折叠方式主要有访问式折叠法和敬献式折叠法。

"世界屋脊的明珠"

布达拉宫始建于公元7世纪，位于西藏自治区拉萨市，是当今世界上海拔最高、规模最大的宫殿式文物建筑群，被誉为"世界屋脊的明珠"。布达拉宫由红宫和白宫两大建筑组成，宫内有数以万计的精美壁画，并珍藏有大量佛像、藏经册印和古玩珠宝。布达拉宫是我国最宝贵的宗教文化宝库，已被列入《世界文化与自然遗产名录》。

布达拉宫

古老的大昭寺

大昭寺

大昭寺位于拉萨市八廓街中心，始建于公元7 世纪中叶。大昭寺有4层主殿，上覆金顶，主殿内供奉着文成公主从大唐带来的释迦牟尼镀金佛像，两侧配殿供奉着松赞干布和文成公主等人的塑像。在走廊和殿堂里，还绘有长达千米的珍贵壁画。

曾安置过释迦牟尼佛像的寺庙

小昭寺位于大昭寺北面约五百米处，创建于公元7世纪中叶。据记载，文成公主入藏时用木车装载了一尊释迦牟尼金像，行至此地，木车陷入了沙地中，于是公主决定将金像供奉在此处，人们在此地修建了小昭寺。寺内佛像众多，于1962年被列为"自治区重点文物保护单位"。

色拉寺

"野玫瑰"色拉寺

　　色拉（藏语意为野玫瑰）寺位于拉萨市北郊色拉乌孜山南面，是一座藏传佛教寺院。寺院的外观酷似一个大型的圆形剧场，寺内僧院佛殿层层叠叠，三座主要的大经堂被装饰得金碧辉煌，故此寺又称"黄金寺"。色拉寺周围柳林处处，流水淙淙，许多小寺环绕其间，景色清幽。

西藏药王山

　　药王山位于拉萨市内，与布达拉宫所在的红山咫尺相对，两山由一座白塔相接，底层是门洞，市内的一条主要干道从两山之间通过。药王山原为药王庙（藏语为门巴扎仓，为培养高级藏医的场所）所在地，后沦为一片废墟。现今药王山已成为重要的宗教场所，每当重大的宗教节日来临，山上的转经路人潮涌动，信徒们焚香祈祷，向神灵传达自己的信仰。

西藏药王山壁画

"米聚"哲蚌寺

小昭寺近景

　　哲蚌（藏语意为"米聚"，象征繁荣）寺是藏传佛教教派之一——格鲁派的寺院，位于拉萨市西郊5千米的根培乌孜山下。寺院始建于明朝，规模宏大，建筑面积约为二十万平方米，僧侣最多时可达一万余人。寺内一座座经堂僧院依山而建，气势磅礴，雄伟壮观。整座建筑群全部为白色，铺满山坡，远看好似一个个巨大的米堆。

繁华的八廓街

八廓街位于拉萨市中心，是拉萨市保留最完整的街道，也是最能体现西藏特色的地方。八廓街长约一千米，街道两旁商铺林立，行人来来往往，热闹非凡。每到宗教节日，这里更是聚集了来自四面八方的游人。街上的广场在过去曾是拉萨僧人集会辩经的地方，可容纳上万人。

拉萨八廓街

西藏纳木错

圣地纳木错

纳木错（藏语意为"天湖"）是西藏三大神湖之一，周围庙宇林立，香火旺盛，吸引了众多禅林高僧在此修身养性。纳木错湖面总面积为1920平方千米，海拔4718米，是世界上海拔最高的咸水湖。其湖水清澈透明，湖面呈天蓝色，水天相融，浑然一体，显得纯净、安宁。

萨迦寺佛像

"第二敦煌"萨迦寺

萨迦（藏语意为"灰白色的土地"）寺位于日喀则地区萨迦县西侧，其墙壁周围被涂上了红、白、灰三色相间的色带，绚丽夺目。萨迦寺分为南寺和北寺，寺内保存了众多的历史文物，藏书数量惊人，被誉为"第二敦煌"。1961年，萨迦寺被国务院列为"全国重点文物保护单位"。

白居寺

奇特的白居寺

白居寺位于日喀则地区江孜县西北宗山脚下，是一座塔寺结合的藏传佛教寺院建筑。寺院有两大特色：其一是寺庙内住有萨迦、噶当、格鲁三个教派的信徒，他们一直友好相处；其二是寺内的菩提塔，此塔由近百间佛堂依次重叠建造而成，人称"塔中有塔"。菩提塔内有佛像十万多尊，故又被称为"十万佛塔"。

"女神"珠穆朗玛峰

珠穆朗玛(藏语意为"女神第三")峰位于中国西藏自治区与尼泊尔交界处，海拔8844.43米，是喜马拉雅山的主峰，也是世界第一高峰。整座山峰呈巨型金字塔状，山顶终年被冰雪覆盖，人们将此峰与地球的北极、南极相提并论，称为"三极"。自从南、北两极被人类征服之后，这座魏峨壮丽的山峰引起了世人越来越多的瞩目。

朝圣胜地

冈底斯山位于藏北高原南侧，平均海拔为5500米～5800米，为藏北与藏东南、藏南的分界线，也是西藏内、外流水系的天然分水岭。冈底斯山自古以来就是中亚和东南亚各地人们朝圣和旅游的胜地，其主峰冈仁波齐是著名的佛教圣地。

珠穆朗玛峰

雅鲁藏布江

世界山地植被类型的天然博物馆

雅鲁藏布江大峡谷位于青藏高原与印度洋之间，全长496.3千米，平均深度5000米，其峡谷最深处为5382米，堪称世界峡谷之最。雅鲁藏布江大峡谷是世界上山地生态系统类型最丰富的峡谷。从谷底到最高峰南迦巴瓦峰顶，沿谷坡依次分布着热带常绿半常绿季风雨林、亚热带山地常绿半常绿阔叶林等生态系统，被誉为"世界山地植被类型的天然博物馆"。

古格王国遗址

古格王国遗址位于西藏阿里地区札达县的一座小山上，王宫布局自上而下层层叠叠，气势雄伟。聪明的古格人在山上修筑了许多暗道，暗道中有一些类似窗户的小洞，既可以采光，又可起到防御作用。在遗址中有大量的造像、雕刻及壁画，这些艺术品展示了古格王朝灿烂辉煌的文化艺术成就。

古格王国遗址

"西藏的瑞士"

然乌湖位于昌都地区八宿县然乌乡，面积22平方千米，为藏东第一大湖。然乌湖北面有著名的拉古冰川，每当冰雪融化时，冰川的雪水便注入湖中，使然乌湖拥有丰富的水源。然乌湖边是绿草茵茵的草场，湖边山腰上则是苍翠的森林，湖光山色浑然一体，风景如画。

美丽宁静的然乌湖

世界三大史诗之一《格萨尔》

《格萨尔》既是藏族英雄史诗，又是世界上著名的三大史诗之一。它记述的是藏族部落战争和藏区统一战争的过程，史诗的主人公格萨尔是一个充满英雄色彩的人物，整部史诗讲述了格萨尔从作为天神之子降生人世到降妖伏魔、安定三界，最终返归天界的过程。作为藏族英雄传奇故事，《格萨尔》有着深厚而广泛的群众基础，在整个藏区及其周边地区广为传唱。

念青唐古拉山

"灵应草原神"

  在拉萨市以北100千米处,屹立着念青唐古拉
(藏语意为"灵应草原神")山。它山势笔直,主
峰顶部形似鹰嘴,多断岩峭壁,景色壮观。山顶云
雾缭绕,常年为冰雪所覆盖。山下流淌着颜色多变
的溪水,溪水边有数不清的牦牛和绵羊在此觅草、
休憩,景色十分壮观。

羊卓雍错是喜马拉雅山北麓最大的内陆湖。

喜马拉雅山北麓最大的内陆湖

  羊卓雍错也称羊卓雍湖,位于雅鲁藏布江南岸,是喜马拉雅山北麓最大的内陆
湖。湖内分布着16座岛屿,每座岛屿形态迥异。栖息在羊卓雍湖流域的动物种类极
其丰富。在这里,人们可以看到野生动物自由自在的生活情景:野兔在车旁跑来跑
去,黄羊在山坡上观望,斑头雁在田间觅食,沙鸥在鸟岛上翱翔。

藏北大草原

美丽的藏北大草原

  出拉萨市往北150千米左右,便进入了辽阔壮美
的藏北大草原。在这里,人们可以领略到西藏的四季
风光。草原上的远山终年冰封雪舞,山下则绿草茵茵,
牛羊遍地。此外帐篷也是藏北大草原的一大景观,在一
望无际的草原上,星星点点的帐篷散落期间。站在藏北
大草原上四处遥望,天地浑然一体,景致美不胜收。

四川 | Sichuan

四川古称巴蜀，是中国西部的经济、文化大省。它幅员辽阔，山川秀美，人杰地灵，自古就有"天府之国"的美称。

天然纽带

四川省地处中国西南、长江上游，是连接西南、西北和华中三大地区的天然纽带。它地跨青藏高原、横断山脉、云贵高原、秦巴山地和四川盆地，地势西高东低，地形复杂多样，以山地、盆地和高原为主。其中东部为四川盆地及其周围山地，西部为川西高原和川西南山地。

四川峨眉山

成都街头

四川巴朗山

行政区划

四川省辖成都、自贡、攀枝花、泸州、德阳、绵阳、广元、遂宁、内江、资阳、乐山、眉山、南充、宜宾、广安、达州、巴中、雅安等18个地级市；阿坝藏族羌族自治州、甘孜藏族自治州、凉山彝族自治州3个自治州；43个市辖区；14个县级市；120个县；4个自治县。成都市为四川省省会。

档案馆	
简　　称	川或蜀
省　　会	成都
面　　积	48.5万平方千米
人　　口	8750万（2005年统计）
民　　族	汉、藏、彝等

历史悠久的川菜

川菜历史悠久，和鲁、苏、粤菜并称为"中国四大菜系"。正宗的川菜讲究色、香、味、形、气俱全，尤其突出一个"味"字。著名的川菜有棒棒鸡、麻婆豆腐、夫妻肺片、回锅肉、鱼香肉丝、宫保鸡丁、水煮鱼、酸菜鱼等等。此外钟水饺、珍珠圆子、担担面、叶儿粑等是四川的著名小吃。

宫保鸡丁

川剧

川剧是四川文化的一大特色，它发源于清乾隆年间四川本地的车灯戏，融汇了各地声腔，形成含有高腔、胡琴、昆腔、灯戏、弹戏五种声腔的特色剧种。川剧形式活泼，表演形式多样化，一些特技如变脸、旋舞、喷火等都具有强烈的艺术效果。

四川茶馆

在四川有一句俗语："头上晴天少，眼前茶馆多。"茶馆是四川人生活中不可或缺的组成部分，是人们休闲、社交的重要场所。四川茶馆有大有小，大的可容纳上千人，小的则只有三五张桌子。四川茶馆在铺面格调、茶具、茶汤等方面都十分讲究，中国的茶文化在这里得到了充分的体现。

苏东坡

名人堂

苏东坡（1037年～1101年）：苏东坡即苏轼，四川眉山人，北宋文学家，唐宋八大家之一。苏东坡生性耿直，鄙视权贵，故在官场中屡遭排挤。他一生历尽坎坷，却始终保持着豁达的心态。苏东坡一生留下了许多流传千古的诗文，具有极高的文学和史料价值。

四川成都新区

杜甫草堂

大诗人的家——杜甫草堂

杜甫草堂位于成都市西郊，是唐代大诗人杜甫在成都时的住所。杜甫先后在这里居住了三年多，期间创作了很多以草堂为主题的诗歌，最著名的是《茅屋为秋风所破歌》。草堂的建筑朴素典雅，四周围绕着参天大树，是成都市游客最集中的观光胜地之一。杜甫草堂于1985年被辟为博物馆，馆内珍藏了众多有关杜甫的资料和文物，极其珍贵。

佛教寺院

文殊院位于成都市城北文殊院街，是成都市保存最完整的一座佛教寺院。文殊院始建于唐代，是佛教文物精品的聚集之地，保存有出使西域的唐代高僧——玄奘的头盖骨残片。文殊院以其优美的园林景观、庄严的殿堂、珍贵的文物吸引了大批中外游客。

文殊院

成都武侯祠

丞相祠堂

武侯祠位于成都市南郊，始建于西晋末年，是纪念三国时期蜀国丞相诸葛亮的主要胜迹。武侯祠修建初期与纪念刘备的昭烈庙相邻，明代被并入昭烈庙。祠内主体建筑分为大门、二门、刘备殿、过厅、诸葛亮殿五重。大门内的绿荫中矗立着六座石碑，其中最大的一座为唐代的"蜀汉丞相诸葛武侯祠堂碑"，此碑具有很高的文物价值，被称为"三绝碑"。

纪念李冰父子的庙宇

二王庙建筑群分布在成都市都江堰渠首东岸，修建于南北朝时期，是为纪念水利功臣李冰父子而修建的（现存建筑是清朝重修的）。寺庙分东、西两苑，东苑为园林区，西苑为殿宇区。全庙为木结构建筑，其建造巧妙地融合了自然地理环境，依山取势，环境优美。

二王庙

青羊宫

中国著名的道观

青羊宫位于成都市西南郊，是中国著名的道观。它始建于明朝年间，现存建筑为清代重修。青羊宫的主要建筑有灵祖殿、乾坤殿、八卦亭、三清殿等。其中三清殿内供奉有三清塑像。殿前有一对于清朝雍正年间从北京运来的铜羊，其中的一只单角铜羊将十二生肖的特征汇聚一身，造型不凡。

"镇川之宝"

都江堰位于都江堰市城西，被称为"镇川之宝"。它是战国时期秦国太守李冰父子带领人民修建的一座大型水利工程，也是迄今为止世界上留存的唯一一项年代久远、以无坝引水为特征的水利工程。都江堰建成后，对四川省的经济发展起了巨大的推动作用，至今仍在发挥着巨大的效益。

都江堰

青色的城，绿色的海

青城山位于都江堰市西南，背靠岷江，分为青城前山和青城后山两大景区，总面积200平方千米。青城山景色优美，远远望去，整个景区犹如青色的城、绿色的海。青城山还是中国的道教名山，保存有数十座完好的道观，其中珍藏着大量文物古迹及近代名家的字画丹青。

四川青城山

峨眉山自古便享有"峨眉天下秀"的美誉。

"峨眉天下秀"

峨眉山位于成都市西南160千米处的峨眉山市境内，其山势巍峨秀丽，有"峨眉天下秀"之美誉。峨眉山堪称一座丰富的自然博物馆，这里生长着世界稀有的珙桐、冷杉、桢楠等三千余种植物，并有小熊猫、苏门羚、枯叶蝶、胡子蛙等珍稀动物。峨眉山还是中国四大佛教名山之一，山上终年香火弥漫，佛音缭绕，吸引了众多游客前来观光和朝拜。

乐山大佛

"山是一尊佛，佛是一座山"

乐山大佛地处乐山市东，雕刻于唐代，是世界上最大的一尊石刻坐佛。大佛为一尊弥勒佛坐像，总高度为71米，其中头部长14.7米、宽10米，脚背宽达8.5米，可容百余人坐在上面，故赢得"山是一尊佛，佛是一座山"的盛誉。乐山大佛造型雄伟，气势恢弘，充分体现了盛唐文化的宏大气派。

精品荟萃的东方佛都

东方佛都位于乐山市东1千米处的凌云山背后，与乐山大佛、乌尤寺、麻浩崖墓等名胜融为一体，占地五百余亩。区内绿树成荫，景色宜人，集宗教艺术、雕刻艺术、园林艺术为一体，荟萃了国内各地及国外的一些佛像艺术珍品。区内拥有大小佛像三千多尊，充分体现了佛教文化的博大精深。

童话世界九寨沟

九寨沟位于四川省阿坝藏族羌族自治州内，因区内有9个村寨而得名。九寨沟既是自然保护区，又是国家级风景名胜区，素有"童话世界"、"人间仙境"

乐山大佛著名景点——九曲栈道

的美誉。区内风光秀美，空气清新，拥有雪山、湖泊、森林等众多自然景观，包括剑悬泉、天鹅湖、熊猫海、珍珠滩瀑布、诺日朗瀑布、芦苇海、长海等旅游景点，处处美不胜收。

九寨沟美景

桃花源

神仙池景区位于九寨沟县大录乡境内，区内翠竹成行，浓荫蔽日，以其独有的清秀、宁静、恬淡的田园风光，呈现出世外桃源般的清幽和雅致。神仙池以清澈澄静的高山海子，大面积发育完好、五彩纷呈的钙化池，植被丰富的高山原始森林著称，其间的莲台彩池、双龙池、青龙海、神蛙海、金银滩等景点各具神韵。

黄龙美景

"人间瑶池"

黄龙风景名胜区位于阿坝藏族羌族自治州松潘县境内，海拔三千米以上，是中国海拔较高的风景名胜区。风景区由黄龙景区和牟尼沟景区两部分组成，区内特殊的岩溶地貌与珍稀的动植物资源融为一体，以其雄、峻、奇、野的特色景观，赢得"世界奇观"、"人间瑶池"的美誉。四川黄龙风景区于1992年被列入《世界文化与自然遗产名录》。

"东方阿尔卑斯"

四姑娘山位于阿坝藏族羌族自治州小金县与汶川县交界处，由四座挺拔秀美的山峰组成，相传为四个美丽姑娘的化身。四姑娘山雄伟挺拔，山顶终年积雪覆盖，山下绿草如茵，被誉为"东方阿尔卑斯"，是登山、旅游的好去处。此外，这里动植物资源丰富，以保护大熊猫为主的卧龙自然保护区就坐落在此处。

四姑娘山被誉为"东方阿尔卑斯"。

卧龙自然保护区

大熊猫的家园——卧龙自然保护区

卧龙自然保护区位于四姑娘山东麓的皮条沟两岸，是以保护高山生态系统及大熊猫、金丝猴、珙桐等珍稀物种为主的综合性国家级自然保护区。区内温暖湿润的自然环境为众多生物的栖息和繁衍提供了良好的条件，在这里生活的野生大熊猫数量占全国的10%，使卧龙自然保护区赢得"熊猫之乡"的美誉。

"蜀山之王"贡嘎山

贡嘎山位于甘孜藏族自治州境内，它和周围的海螺沟、木格错、五须海、贡嘎南坡等景区，共同构成著名的贡嘎山风景名胜区。贡嘎山主峰海拔7590米，是四川省境内的最高峰，被誉为"蜀山之王"。贡嘎山内有众多的生物物种，具有极为重要的保护价值和科学研究价值。

远眺贡嘎山

海螺沟冰川

壮丽独特的自然景观

海螺沟冰川森林公园位于甘孜藏族自治州泸定县内，这里地形复杂，气候独特，既有原始森林和瀑布，又有冰川和温泉，构成了壮丽独特的自然景观。海螺沟发源于贡嘎山主峰东坡的一条冰融河谷，是世界上仅存的低海拔冰川之一。区内拥有野生动物四百多种，其中受国家保护的珍稀动物就有28种。

千佛崖

四川境内规模最大的石窟群

千佛崖位于广元市北5千米处的嘉陵江东岸，是四川省境内规模最大的石窟群。石窟开凿于南北朝时期，后来各朝都有修建，现存佛像七千多个。全崖造像分南北两段，以大云洞为中心，南段龛窟有大佛洞、莲花洞等；北段龛窟有三世佛龛、无忧花树窟等。其中大云洞拥有造像234尊，是景区内规模最大的洞窟。千佛崖石窟群反映了我国古代雕刻艺术的伟大成就，具有极高的艺术价值和观赏价值。

"剑门天下险"

剑门关位于广元市剑阁县，是古代四川最险要的关口，素有"剑门天下险"的美誉，著名诗人李白的"一夫当关，万夫莫开"指的就是这里。剑门关现已成为首批国家级重点风景名胜区"剑门蜀道风景名胜区"的核心景区，这里风光秀美，主要景点包括剑门关、梁山寺、翠云廊、石笋峰、穿洞梁、仙女桥等，山势险峻，景致奇特。

剑门关

"蜀南竹海天下翠"

蜀南竹海位于宜宾市长宁、江安两县一带，是一处以竹林为主要特色，兼有文物古迹的风景名胜区。景区内的楠竹像碗口一样粗，郁郁葱葱，茂密苍翠，好像一片绿色的海洋。

景区内散布着五百多个山丘，竹子种类多达五十八种，竹林成片，有一百多个景点散布于茫茫竹海之中，主要景观有天皇寺、青龙湖、七彩飞瀑、古战场等。李鹏总理曾在此处题下"蜀南竹海天下翠"的词句。

四川长宁竹海

自贡恐龙博物馆

世界三大恐龙博物馆之一

自贡恐龙博物馆位于距自贡市中心11千米的大山铺，是世界三大恐龙博物馆之一。博物馆内既有陆生、水生、两栖类动物的化石，又有空中飞行的古脊椎动物的化石。馆内珍藏着20米长的草食恐龙、14米长的鸟脚龙和很多肉食恐龙的恐龙骨。其中最珍贵的化石是目前世界上发掘最早的侏罗纪中期的剑龙化石和世界上首次发现的翼龙化石。

"世界第九大奇迹"

三星堆遗址位于广汉市西11千米处的三星村，遗址面积达12平方千米，是四川省境内目前发掘的一处范围最大、历史最悠久的文化遗址。这里曾发掘出大量古蜀国生产工具、生活用具、玉石礼器、陶器及其加工作坊、古城墙、住宅遗址等。三星堆遗址展示了中华民族瑰丽的文化艺术成就，被誉为"世界第九大奇迹"。

三星堆人头像

蜀锦

蜀锦是一种具有两千多年历史的丝织品，与南京云锦、苏州宋锦、广西壮锦并称为中国四大名锦。自汉代开始，成都的纺织业即进入全国领先地位，并久盛不衰，成为上贡朝廷和远销海外的精品。经过两千多年的发展，蜀锦纹样已达数百种之多。至今，在中国西南地区，一些少数民族妇女佩戴的围腰、头饰等，都采用蜀锦纹样作装饰。

闻名中外的三苏祠

三苏祠是北宋著名文学家苏洵、苏轼、苏辙父子三人的故居，坐落在眉山县城西南方。三苏祠自元代建立以来，一直是广大民众拜祭三位圣贤的场所。整个祠堂环绕着红墙绿水，遍布古树翠竹，环境清幽。而苏洵父子高洁的品格及其文学创作上的辉煌成就，更使三苏祠闻名中外。

李白故里

唐代大诗人李白的故乡

李白故里位于江油市境内，包括青莲场李白故里、李白纪念馆、太白公园、海灯武馆及太白洞等景点，是以唐代诗人李白的故居为主的人文景观长廊。其中位于青莲场的李白故里是李白青少年时代居住的地方，主要景点有陇西院、太白祠、李白衣冠墓、磨针溪、洗墨池、粉竹楼、月园墓等。

重庆 | Chongqing

重庆是中国著名的历史文化名城。长江自西向东穿过重庆市区，使这里的自然风光与人文景观相互交融，显得独特而又美丽。

重庆市景

交通枢纽

重庆市位于我国西南地区东部，与湖北、湖南、贵州、四川、陕西五省为邻，是中国西南地区的经济中心之一。重庆市拥有典型的盆地地形，四周高山环抱，中部为丘陵、平原。受地形的影响，重庆市常年浓雾弥漫，阳光稀少，气候独特。

行政区划

重庆市辖渝中区、南岸区、巴南区、九龙坡区、大渡口区、沙坪坝区、江北区、渝北区、北碚区、双桥区、万盛区、万州区、涪陵区、黔江区、长寿区15个市辖区；永川市、合川市、江津市、南川市4个县级市；綦江县、荣昌县等17个县；4个自治县。

档案馆	
简　　称	渝
面　　积	8.24万平方千米
常住人口	2798万（2005年统计）
民　　族	汉、满、朝鲜、藏等

重庆朝天门码头

重庆美食

重庆美食以川菜为主，并吸收了江浙菜和粤菜的优点，品味齐全。重庆的代表菜有酸菜鱼、辣子鸡、烧鸡公、啤酒鸭等。让重庆美食名扬大江南北的特色菜即重庆火锅，它将麻、辣、鲜、香的特色发挥到了极致。重庆的著名小吃有炒米糖开水、鸡丝凉面、山城小汤圆等。

重庆酸菜鱼

刘禅乐不思蜀，枉费了刘备的托孤之心。

时空隧道

三国时期，刘备在彝陵之战中被孙权打败，退回白帝城，不久便生了重病，奄奄一息。临死前，刘备将丞相诸葛亮从成都召来，嘱咐道："君才十倍于曹丕，必能安邦定国，终定大事。嗣子可辅则辅之，如其不才，君可自为成都之主。"刘备死后，诸葛亮竭尽全力辅佐刘禅，忠心耿耿。现今，在白帝城内的白帝庙中，仍保留有刘备托孤的彩色塑像，反映了当时刘备托孤的情景。

重庆特产

重庆市地域广阔，地方特色品种繁多。其中石柱的黄连、天麻，南川的杜仲，巫山的庙参等，都是珍贵的中药材。重庆堪称水果之乡，如江津广柑、苍溪雪梨、长寿沙田柚、城口磨盘柿等水果皆久负盛名。重庆还是中国茶叶的主要产地之一，如"重庆沱茶"、"翠坪银针茶"、"西农毛尖"等，都是茶中上品。此外，重庆的手工艺品如各式竹编、土家织锦、龙水小五金、三峡石砚等，都极具地方特色。

重庆十八梯

巴渝风情

巴渝文化（起源于巴文化，指四川省境内巴族和巴国在历史发展中所形成的地域性文化）是中国传统文化中源远流长的一部分。秦灭巴国设巴郡后，巴人逐渐步入了被汉化的过程。巴渝人千百年来形成的春节拜年、十五观灯、清明祭祖、中秋赏月以及悬酒幌、赶庙会、坐花轿等民风民俗，涵盖了婚丧嫁娶、文娱游戏、鬼神观念、崇拜禁忌、岁时节令等各个范畴。

重庆人民大礼堂

重庆市的标志

在重庆市人民路上，有一幢独具特色的建筑，即重庆市的标志之一——重庆人民大礼堂。重庆人民大礼堂的外观酷似北京天坛，拥有琉璃瓦大屋顶，色彩金碧辉煌，气势宏伟壮观。大礼堂前是宽敞的广场，市内的许多重大活动都在这里举行。每当夜幕降临，广场被彩灯装饰得流光溢彩，是市民休闲娱乐的好去处。

秀美的巫峡

巫峡是长江三峡之一，位于重庆市巫山县及湖北巴东两县境内，全长约四十五千米。在巫峡北岸的集仙峰下，有一座石碑，上刻"重崖叠峰巫峡"几个大字，据说是三国时蜀国丞相诸葛亮的亲笔遗书。巫峡是长江三峡中景色最秀美的一段，峡长谷深，迂回曲折。沿岸有各种奇特的山峰，有的似仙女起舞，有的似孔雀开屏，姿态优美。

巫峡美景

瞿塘峡

短而险峻的瞿塘峡

瞿塘峡是长江三峡中最雄伟险峻的一段。它西起重庆市奉节县的白帝城，东至巫山县大溪镇，全长8千米。峡中江面最宽处达一二百米，最窄处才几十米。入峡处两山陡峭，好似两扇大门，水势汹涌，形势非常险要。瞿塘峡不仅雄伟壮观，而且拥有很多风景名胜。其中著名的景点主要有奉节白帝城八阵图、风箱峡、古栈道、凤凰饮泉、七道门等，皆以险峻闻名。

丰都"鬼城"

传说中的丰都"鬼城"

丰都"鬼城"位于重庆市东部的长江北岸，距重庆市171千米，传说这里是人死后灵魂的归宿，在《西游记》、《聊斋志异》等中国古典文学名著中都有对此地的生动描述。景区内有"阎王殿"、"鬼门关"、"阴阳界"、"十八层地狱"等一系列"阴曹地府"建筑。其中的鬼神形象千姿百态，十分奇特。

石窟艺术的优秀代表

大足石刻位于重庆市大足县境内，是摩崖造像石窟艺术的总称。大足石刻以佛教造像为主，拥有石刻造像七十多处。其石刻造像气势磅礴，雕刻精细，整体和谐，保存完好。大足石刻是中国晚期石窟造像艺术的典范，其规模之宏大，艺术之精湛，内容之丰富，堪与敦煌莫高窟、云冈石窟、龙门石窟齐名。

大足石刻

张飞庙

"巴蜀胜景"张飞庙

在重庆市云阳县的飞凤山脚下，有一座为纪念三国蜀汉名将张飞而修建的庙宇，至今已有一千七百多年的历史，它就是张飞庙。张飞庙的建筑充分利用了地形地貌，将山水园林与寺庙建筑融合在一起，显得既雄伟又俊秀，素有"巴蜀胜境"的美称。庙内主要建筑有结义楼、望云轩等。

山城重庆

重庆市是闻名中外的"山城"。这里的地势起伏不平，山脉绵延，丘陵广布。市区依山而建，重重叠叠，公路和街道蜿蜒盘旋。在重庆市内，乘车就像是在坐船，车和人会随着山势跌宕起伏，颇有意趣。

贵州 | Guizhou

　　贵州地处中国西南地区，是一片神奇的土地。那里山川秀美，民族众多，民风淳朴，处处显露出迷人的风采，素有"公园省"之称。

贵州省贵阳市夜景

内陆山区省

　　贵州省位于中国大陆西南部，是一个内陆山区省。省内地势西高东低，自中部向北、东、南三面倾斜，平均海拔在一千一百米左右。境内地形大致可分为高原、山地、丘陵和盆地四种，其中山地和丘陵占全省面积的92.5%。

行政区划

　　贵州省辖铜仁、毕节2个地区；贵阳、六盘水、遵义、安顺4个地级市；黔西南布依族苗族、黔东南苗族侗族、黔南布依族苗族3个自治州；10个市辖区、9个县级市、56个县、11个自治县、2个特区。其中贵阳市为贵州省省会。

贵州是一个内陆山区省。

档案馆

简　　称	黔、贵
省　　会	贵阳
面　　积	17.62万平方千米
常住人口	3931.12万（2005年统计）
民　　族	汉、苗、布依、侗、仡佬等

酸辣贵州菜

贵州菜多为酸辣口味，不同于川菜的麻辣和湘菜的香辣。酸汤鱼、花江狗肉和卤鹅头是贵州菜中的三绝。贵州具有代表性的菜肴还有糟辣脆皮鱼、宫保鳝鱼、天麻鸳鸯鸽等。贵阳市民最爱吃的小吃肠旺面，是由猪大肠、鸡蛋面条、绿豆芽和油炸猪头肉丁调配而成的，色泽鲜红，口感嫩滑，鸡汤油而不腻，回味悠长。

贵州菜的口味以酸辣为主。

贵州黄果树瀑布

天无三日晴

贵州省的地势起伏较大，地形复杂，导致气温的变化十分明显，省内"一山有四季，十里不同天"的气候差异十分普遍。贵州省平均每天只有三四个小时能见到阳光，是全国一年中阴天日数最多的省份，因而在贵州省有"天无三日晴"的说法。

玉屏箫笛

玉屏箫笛产于被誉为"箫笛之乡"的贵州省铜仁地区玉屏侗族自治县，至今已有三百多年历史，是侗族乡民传统的手工艺品和乐器。玉屏箫笛是用当地产的小水竹做成的，竹节长而均匀，管壁不易破裂，不易被虫蛀。箫笛音质纯正，音色圆润，尤以椭圆形扁箫音质最佳，是箫笛中的上品。玉屏箫笛的传统雕刻也颇具特色，其山水花鸟雕刻清新迷人，栩栩如生。

夜郎自大

时空隧道

汉朝时，贵州地区有一个国家叫夜郎国。在国王多同的眼里，夜郎是天底下最大的国家。一日，汉武帝派使者出使印度，经过夜郎国，多同向汉朝使者道："汉朝和夜郎相比，哪个大些？"使者道："汉朝的州郡有好几十个，而夜郎还抵不上汉朝一个郡！你说哪一个大呢？"多同听了，羞得无地自容，"夜郎自大"这个典故也由此产生。

国内仅存的九层三角式建筑

文昌阁位于贵阳市城区,始建于清康熙年间,是贵州省重点文物保护单位。文昌阁以设计巧妙、结构独特著称。与国内阁楼皆为偶数屋檐的特点不同,文昌阁有9个屋檐,这在国内是绝无仅有的。文昌阁整个建筑分财神殿、文昌殿、观音殿、洞宾楼四个部分,总面积500平方米,系砖木结构。阁身金碧辉煌,绚丽多彩,观赏价值极高。

颐和园文昌阁的屋檐是双数,而贵州文昌阁却是单数。

建在巨石上的阁楼

甲秀楼位于贵阳市东南南明河中一块叫做鳌矶石的巨石上,始建于明万历二十六年(公元1598年),是一座木结构的阁楼。阁楼共分三层,高22.9米,底层以12根石柱托住檐角,四周有白色雕花的石栏。甲秀楼建筑秀雅别致,自古以来即是文人墨客聚集吟咏的地方。登上楼顶,可远眺贵州黔灵山的秀丽风景。

甲秀楼

纪念王阳明的祠堂

阳明祠(原名扶风寺)位于贵阳市东部的扶风山上,是为纪念明代哲学家、教育家王阳明而建造的。它始建于明代嘉靖十三年(公元1534年),经过清代的续建和重修,形成了现在的规模。阳明祠是一座四合院式的建筑,共有五间砖木结构的正殿。居中的正殿中竖立着王阳明的汉白玉雕像,殿前种有两株古老的桂树,枝叶繁茂,郁郁葱葱;殿外回廊上刻有许多名家的真迹,皆为艺术精品。

贵州省著名的古镇之一

青岩古镇位于贵阳市南郊，始建于明朝洪武十一年（公元1378年），是贵州省著名的古镇之一。镇内有许多古建筑，大多为明清两代遗留下来的。镇内东、西、南、北四个城门曾建有8座牌坊，现只剩3座。这些石牌坊雕刻精巧，造型各异，玲珑剔透。青岩镇古朴的建筑和淳厚的民风民俗融为一体，蕴含了独特的古城韵味。

青岩古镇独具古城韵味。

美丽的"山水风景图"

花溪位于贵阳市南郊17千米，总面积三百五十余平方千米，是国内著名的风景胜地。景区内水碧山清，桃红柳绿，好比一幅美丽的山水风景图。花溪公园是花溪景区最美的景点，园内有著名的"四山一水"，其中四山指麟山、蛇山、龟山和凤山，"一水"指花溪河，山水互融，景致极佳。公园内还有一个花圃，四季鲜花开放，令人流连忘返。

花溪的优美景色

布依村寨

美丽的人工湖

红枫湖位于贵阳市东部25千米处，是一个大型的人工湖。整个湖可分为北湖、南湖、后湖三大湖区，湖面上有大大小小的岛屿一百多个，景致优美。除了山清水秀的自然美景外，红枫湖畔的民族风情也是一大特色，其中侗族和苗族民俗区，布依族的平寨，都是著名的观光游览胜地。

黄果树瀑布美景

瀑布家族

黄果树风景名胜区位于安顺市西南部，它以黄果树瀑布为中心，周围遍布雄、奇、险、秀等风格各异的众多瀑布，形成一个巨大的"瀑布家族"。其中黄果树瀑布高74米，宽81米，是世界上最壮观的瀑布之一。此瀑布从60米高的悬崖上直泻而下，近观有万马奔腾、雷劈山崩之势，令人惊心动魄。黄果树瀑布坐落在石灰岩地区，区内有典型的岩溶地貌，多暗河和地下瀑布，可供游人泛舟游览。

美丽的天然"盆景"

天星桥景区位于黄果树大瀑布下游7千米处，区内石、树、水景观美妙结合，是一个大型的天然景区。与黄果树大瀑布气势磅礴的特点相比，天星桥景区可谓玲珑秀美。区内有天星盆、天星洞、水上石林三处紧密相连的景区，内有天水一线、八面景、天星湖等自然景观，清秀明丽。

天星桥瀑布景观

遵义博物馆

遵义会议遗址

遵义会议遗址位于遵义市老城子尹路，是一幢砖木结构的曲尺形洋房。1935年，中国共产党在此召开遵义会议，确定了毛泽东在全党的领导地位，使中国革命道路出现巨大转折，会议遗址也就具有了极其重要的历史价值。遗址为中西合璧的砖木结构建筑，整个建筑分主楼、跨院两部分，占地面积528平方米，是20世纪30年代遵义城最宏伟的建筑。

十丈洞瀑布自古便以盛产优质木材而闻名。

"山谷中的碧玉"

　　十丈洞瀑布发源于泸州市古蔺县的凤溪河，河水流经赤水市东南38千米的两河口乡境内时，便形成了高72米、宽68米的大瀑布。瀑布气势磅礴，水声震天，在阳光下可呈现出五彩缤纷的水雾。十丈洞瀑布景区还以盛产优质木材闻名，区内保存着大片的原始森林，其中有桫椤等珍贵树种及猕猴等珍稀动物。

道教的胜地

　　云台山位于黔东南苗族侗族自治州施秉县北，以天象奇观、奇峰丽水、道教古刹、人文景观为特色。景区面积为47平方千米，分为云台山、排云关两大游览区，共有景点24处。云台山主峰海拔964米，主峰崖顶建有许多古代建筑，其中最著名的有大佛殿、祖师殿、玉皇阁、九间殿、关圣殿等。寺观周围山峰环绕，云飘雾绕，山高林深，清幽雅静。

回味悠长的茅台酒

　　茅台镇位于贵州省西北部赤水河中游，大娄山脉西北侧。这里出产的茅台酒世界闻名，享有"国酒之乡"的美誉。茅台酒属大曲酱香型白酒，其特点是酒液晶莹透明、酱香突出、醇和浓郁、回味悠长。建造于茅台镇赤水河畔的"国酒文化城"，是一座反映茅台酒的发展历史及文化精髓的酒文化博物馆，现已成为茅台镇的一道亮丽风景线。

贵州有许多古色古香的建筑。

镇远最负盛名的古迹

　　青龙洞位于黔东南苗族侗族自治州镇远县东的悬岩峭壁间，是镇远县最负盛名的文物古迹，拥有青龙洞、紫阳书院、祝圣桥、万寿宫等古代建筑。青龙洞内有一张石床，上垂吊石伞、石包袱，相传为道教始祖张三丰修炼之处。中元禅院为明朝知府黄希英所修建，禅院以大佛堂为主体建筑，有藏经楼、望星楼、六角亭、莲花亭等附属建筑，古趣盎然。

THE GUIDING
TOUR AROUND WHOLE
CHINA

游遍中国·中国学生最想去的100个最美的地方

第七章

华南地区

　　华南地区指中国南岭以南及武夷山以东的广大地区，包括广东省、海南省、台湾省、广西壮族自治区以及香港、澳门特别行政区。此地区地理位置优越，境内山川众多、海域广阔，沿海围绕着众多的优良港湾，以纯净的海水、青葱的椰林、优良的沙滩等海滨胜景闻名世界。区内拥有丰富的土地、水、生物、矿产和旅游资源，良好的工商业外贸基础，交通发达，经济基础较好，是中国经济建设的前沿地带和与世界各国交往的窗口。区内少数民族众多，民族风情浓郁，拥有独特的民族文化。此外，华南大部分省市经济都比较发达，商品资源丰富，是购物娱乐的好地方。

广东 | Guangdong

　　广东位于南海之滨，以丰富的旅游资源著称，省内遍布名山古寺、湖泊园林、岛屿海滩等景观。境内各大城市经济发达，物资丰富，是购物的好地方。

广州远景

地形曲折多变的省份

　　广东省地势北高南低，最高峰粤北的石坑崆海拔1902米，东南则是曲折绵长的海岸线，总长4300千米，为中国各省海岸线长度之最。全省地形可分为粤北山地、粤西山地台地、粤东山地丘陵、珠江三角洲和潮汕平原五区，以山地为主要地形，山地、丘陵约占全省面积的2/3。珠江为省内第一大河，是中国四大河流之一。

深圳高楼林立，地王大厦便矗立在该市。

行政区划

　　广东省辖广州、深圳、珠海、汕头、韶关、河源、梅州、惠州、汕尾、东莞、中山、江门、佛山、阳江、湛江、茂名、肇庆、清远、潮州、揭阳、云浮21个地级市；43个市辖区；33个县级市；43个县；3个自治县。其中深圳、珠海、汕头为改革开放后中国确立的经济特区，经济发展十分迅速。

档案馆	
简　　称	粤
省　　会	广州
面　　积	18万平方千米
常住人口	9194万（2005年统计）
民　　族	汉、壮、瑶、畲、回、满等

美食之乡

粤菜由广州菜、潮汕菜、东江菜组成，是我国四大菜系之一。其中广州菜的口味以清、鲜、嫩、脆为主，讲究清而不淡，鲜而不俗，嫩而不生，油而不腻。潮汕菜以烹制海鲜、汤类和甜菜为特色，其风味名菜有烧雁鹅、护国菜、清汤蟹丸、油泡螺球、太极芋泥等。东江菜又称客家菜，菜品多用肉类，下油重，味偏咸，以沙锅菜见长。

时尚之都

广东省交通发达，铁路贯通省内各地，公路网络非常稠密。优越的地理位置，便利的交通，使得广东省多年来都是国内时尚流行、扩散、辐射的中心。例如广东省的服装产业年产销量占全国的35%，目前已成为全国服装的批发中心；皮具产业年产销量占全国的60%，以生产中高档皮具闻名；美妆产业产销量占全国的70%，成功地推广了许多著名的化妆品品牌。此外广东省还是中国国内最大的进出口贸易省份之一。

广东交通发达，是中国南方的交通枢纽。

广州市市景

独具特色的广东音乐

广东音乐流行于珠江三角洲一带，是中国传统器乐丝竹乐的一种。广东音乐起源于清末民初戏曲伴奏乐队、街头艺人和民间音乐家演奏的过场音乐和民间小曲，后逐渐形成自己的特色，称为广东音乐。早期广东音乐的曲目包括古曲、民歌、戏曲音乐等。至19世纪30年代，广东音乐开始兴盛，出现如《饿马摇铃》、《赛龙夺锦》、《平湖秋月》、《步步高》等大量著名曲目，这些曲目至今仍为人们所喜爱。

中山纪念堂

中山纪念堂位于广州市东风三路，建成于1931年10月，是广州市民和海外华侨为纪念孙中山而筹资兴建的。纪念堂是一座八角形宫殿式建筑，采用钢架和钢筋混凝土建造而成，总建筑面积为3700平方米。纪念堂总高度为49米，屋内共设有5000个座位。其建筑巧妙地运用了力学和声学原理，室内没有阻碍视线的柱子，且基本上没有回声。

广州中山纪念堂

神奇古庙

南海神庙（又称波罗庙）位于广州市黄埔区庙头村，是古代帝王祭海的场所。庙内保存了不少珍贵的碑刻，为隋唐以来历代皇帝到庙中举行祭典时所刻的。神庙还是古代海上丝绸之路的发源地，庙内现存文物众多，有波罗树、红豆树、木棉树等古树品种。庙西章丘冈上为观看日出的"浴日亭"，宋代羊城八景之一的"扶胥浴日"即指此处。

三元里人民抗英斗争纪念馆

三元里人民抗英斗争纪念馆位于广州市三元里大街，原为一座供奉北帝的道观（始建于清初，俗称"三元古庙"），1961年改为三元里人民抗英斗争纪念馆。馆内陈列着1841年三元里农民高举三星旗在北帝神像前誓师抗英的复原图，辅以三元里人民抗英斗争史纪念品，其中有抗英民众当年使用过的各种武器、缴获的战利品和反映当年战况的大型沙盘，使游人不禁缅怀过去，思索未来。

三元里人民抗英斗争纪念馆

走进陈氏书院，仿佛还可以闻到缕缕书香。

广东民间工艺博物馆

陈家祠位于广州市中山七路，建成于1892年，是当时广东省陈姓人氏兴建的祠堂，现已辟为广东民间工艺博物馆。馆内荟萃了岭南木雕、砖雕、铜铁铸造、年画等建筑装饰艺术。其主体建筑聚贤堂下的花岗岩高台上，围绕着雕刻有荔枝、杨桃等岭南佳果图案的石栏杆，琳琅满目，精致美观。

曾经的陈家祠，现在已成为雕刻工艺博物馆。

禅宗寺院光孝寺

光孝寺位于广州市红书北路，始建于三国时期，为广州市最著名的古迹。寺院建筑群中以大雄宝殿最为宏伟，宝殿右侧为供奉护法神的伽蓝殿，左侧为六祖殿。六祖殿前为瘗发塔，相传是禅学开创大师六祖慧能埋发之处。塔呈八角形，共4层，每层均有佛龛8个，是寺内珍贵的文物之一。大雄宝殿两旁还各有铁塔一座，建于五代十国时期，其中东塔是我国现存最古老的铁塔。

广州镇海古楼

历尽沧桑的广州镇海楼

镇海古楼位于广州市越秀山上，始建于明朝，是广州市著名的古建筑之一。楼高28米，共五层。登楼远眺，市区景色可尽收眼底。过去，这里是封建官僚、军阀宴游之处，现已辟为广州博物馆，陈列着从古至今的各种广东陶瓷器。

集山林与瀑布景观于一体的游览区

利泰瀑布游览区位于广州市番禺区，境内葱绿的利泰山，秀美的利泰湖，巨大的瀑布，展现出万千气象。利泰瀑布飞临于林海葱茏、面江而立的利泰山洞。瀑布宽138米，落差28米，河水飞流直下，如银河落天，气势宏伟。利泰山林木苍翠，林内常举办丰富多彩的杂技歌舞，可令游客一饱眼福。

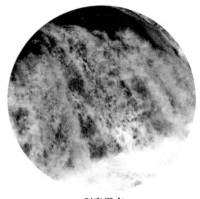

利泰瀑布

广州雕塑公园

雕塑精品园林

广州雕塑公园位于广州市下塘西路飞鹅岭，占地46万平方米，是全国最大的主题式公园。公园建造结合了雕塑与园林艺术，集历史性、文化性和知识性于一体。公园分羊城雕塑区、中华史雕区、森林景区和雕塑大观园四大园区。其中"羊城雕塑区"占地17万平方米，以广东省雕塑家创作的反映羊城风貌的雕塑为主要造景题材，运用了各种园林造景艺术手法，将雕塑、园林和建筑等多种景观有机地结合起来，形成了一个富有艺术感染力的主题公园。

锦绣中华

世界上最大的微缩景区

锦绣中华位于深圳市华侨城，坐落在风光绮丽的深圳湾畔。它是一座最丰富、最生动、最全面地反映中国文化、艺术、古代建筑和民族风情的实景微缩景区，也是目前世界上最大的微缩景区。景区内有近百处中国名胜古迹微缩景点，分为古代建筑、山水名胜和民居民俗三大类，包括万里长城、秦始皇陵兵马俑、圆明园、布达拉宫、泰山、长江三峡、名塔、名楼以及具有民族风情的地方民居等八十多处景点。"一步迈进历史，一日畅游中国"即是对锦绣中华最准确的写照。

世界美景之窗

世界之窗位于深圳湾畔美丽的华侨城，占地48万平方米。它将世界奇观、历史遗迹、古今名胜、自然风光以及民俗风情、民间舞表演汇集一园，展现了一个美妙的世界。景区共建有118个世界著名景点，其中包括埃及金字塔、卡纳克阿蒙神庙、柬埔寨吴哥窟、巴黎凯旋门、梵蒂冈圣彼得大教堂、印度泰姬陵等等。这些景点以不同比例创建，精美绝伦，惟妙惟肖，气势雄伟。

世界之窗内的精彩表演

中华民俗文化村

民俗文化荟萃之地

中华民俗文化村位于深圳市西南深圳湾，与锦绣中华微缩景区毗邻，建于1991年。景区十八万余平方米的范围内，浓缩了中华各族的建筑艺术，如陕北窑洞、独龙族藤桥、侗族鼓楼和风雨桥等具有代表性的民族建筑及瑶、苗、布依、侗、纳西、彝、傣、哈尼、白、佤、景颇、高山、壮、藏、维吾尔、蒙古、回、汉等民族村寨，展示了各民族的生活习俗和文化艺术。村内山峦起伏，瀑布流泻，流水环绕，竹林掩映，引人入胜。

清晖园

清雅别致的清晖园

清晖园位于佛山市顺德区大良镇，为广东省四大名园之一。全园面积9600平方米，其中亭榭幽穴、假山池水、奇花异木等应有尽有，景色清雅别致。园内主要建筑物船厅筑于两池之旁，以木雕波浪纹装饰船舷栏杆，以岭南水果图案装饰舷窗，宽阔的阳台宛似甲板。此外，景区内还有碧溪草堂、惜阴书屋、狮山、竹苑等建筑物，精巧别致，引人注目。

南粤名山数二樵

西樵山位于佛山市南海区西南部，是岭南名山之一。景区风景秀丽，清幽恬静，与东侧的东樵山共享"南粤名山数二樵"的美誉。西樵山上有28处瀑布、207个泉眼和4个大山涧，故又有泉山之称。山上的碧云村口有一口方井，井内有清泉，人称"樵山第一泉"，用此泉水泡制的云雾茶，清香味美。

西樵山美景

虎门销烟石雕

威武犹存的虎门炮台

虎门炮台位于东莞市太平镇。鸦片战争前夕，林则徐、关天培两位著名将领于虎门两岸及海口岛峡修筑炮台11组，设置大炮三百多门，形成三道防线。其中第一道防线为大角、沙角炮台；第二道为横档、永安、威远（武山上）等炮台；第三道为大虎炮台。现今沙角、武山两处的炮台仍保存完好。

精致玲珑的可园，堪与苏州园林媲美。

精巧灵秀的可园

可园位于东莞市莞城镇，始建于清咸丰、同治年间，为广东四大名园之一。全园计有亭、台、楼、阁、池、桥、厅四十余处，皆以"可"字命名（如可轩、可楼）等。可园的设计以缜密曲折著称，楼群有聚有散，有起有伏；景物小中见大，少中见多。园中最高建筑为"邀山阁"，高15.6米，登楼远眺，山水楼台尽收眼底。而以"亚"字为形的双清室，从外形到装饰都作"亚"字形，置身室内，有人景双清之感。

状如北斗的七星岩

七星岩景区位于肇庆市北4千米处，以山奇、水秀著称，湖山相映、洞穴幽奇。景区内有七座挺拔秀丽的石灰岩山峰，分别为阆风岩、玉屏岩、石室岩、蟾蜍岩、仙掌岩和阿坡岩。七岩巧妙地散置在秀丽的湖水中，形如北斗七星，故名"七星岩"。七星岩北依连绵的并岭山，东、西、南三面环绕碧水，湖面浩瀚似海，堤岸翠树临水，景致十分清幽。

七星岩胜景

粤绣

广东粤绣与湘绣、蜀绣、苏绣并称为中国四大名绣。粤绣又称广绣，产地以广州为中心，使用的材料大致有线、绒、真丝、金银线、金绒混合等几大类（近年来还使用尼龙等化纤原料），其中以金银线绣与金绒混合绣最负盛名，为广绣的代表。

北回归线上的绿宝石

鼎湖山与七星岩同属肇庆星湖风景区，二者相距不远，但景色迥异。鼎湖山景区是著名的佛教圣地，内有云溪、天湖和天溪三大景区。其中云溪景区以白云寺、水帘洞天、古树名木为主要景点，景区内拥有茂密的原始森林。天湖景区内有天鹅潭、天湖及汩汩流出的山溪，景色清幽。天溪景区以庆云寺、飞水潭、荣睿碑亭为主要景点，是参禅拜佛的绝佳场所。鼎湖山景区地处北回归线上，因而有"北回归线上的绿宝石"之称，1956年，鼎湖山被列为"国家自然保护区"。

岭南第一奇山

丹霞山位于广东省北部，地处韶关市曲江区与仁化县交界地带，系广东省四大名山之首，被誉为"岭南第一奇山"。丹霞山山体由红色砂砾岩组成，山壁红似烈火，是典型的丹霞地貌，被誉为"中国红石公园"。丹霞山景区内石块崔嵬，群峰林立，山坡直立，山顶平缓；丹崖上色彩斑斓，洞穴累累；山与山之间是高峡幽谷，清静深邃；山石造型丰富，变化万千。景区内的丹霞地貌分布区往往有河流穿过，丹山碧水相辉映，景致极佳。

丹霞山奇景

广西 | Guangxi

广西历史悠久，秦时为桂林郡辖地，故简称"桂"。广西省地形独特，旅游资源丰富多彩，是著名的旅游胜地。

八山一水一分田

广西壮族自治区位于中国南部边疆，南临北部湾，东临广东省，西邻云南省，西南与越南接壤。省内总的地势是自西北向东南倾斜，地形以山地为主，低山、丘陵多是广西地形的主要特点。此外，"八山一水一分田"（即山多、水少、田少）为广西总的地貌形态，其中尤以喀斯特地貌最为典型，面积约占自治区总面积的51%。喀斯特地貌所形成的独特景观是宝贵的旅游资源，其中尤以桂林、阳朔的喀斯特景观最为典型。

广西桂林阳朔山水

漓江山水美如画。

档案馆	
简　　称	桂
自治区首府	南宁
面　　积	23.66万平方千米
人　　口	4925万（2005年统计）
民　　族	壮、汉、瑶、苗、侗、仫佬、毛南、回、京、彝、水等

行政区划

广西壮族自治区辖南宁、柳州、桂林、梧州、北海、防城港、钦州、贵港、玉林、百色、贺州、河池、来宾、崇左14个地级市；青秀区、兴宁、西乡塘、良庆、江南、邕宁等34个市辖区；7个县级市；56个县；12个自治县。南宁市为广西壮族自治区首府。

美食荟萃

广西菜由南宁、桂林等都市菜和壮族、瑶族、京族等民族菜组成。都市菜以野味烹调闻名，制作考究，口味清爽而又偏辣；民族菜制作方法独特，别具风味。广西著名的风味菜有天火烹饪鸡、虫草炖海狗鱼、葵花马蹄肉饼等。

广西桂林山水

<table style="display:none"></table>

时空隧道

公元1851年，八国联军入侵中国，腐朽的清王朝即将灭亡，此时在中国爆发了一场惊天动地的农民起义，即太平天国起义。当时太平军起义领袖洪秀全在广西永安州（民国初年改为蒙山县）发布封王诏令，自封为天王。在蒙山县至今还保存有太平天国文物一千五百多件，遗址26处。

传统节日"三月三"

"三月三"是广西壮族人民的传统节日，又叫"歌圩节"。歌圩分日歌圩和夜歌圩。日歌圩在野外举行，以唱歌择偶为主要内容；夜歌圩在村内举行，主要唱生产歌、季节歌、盘歌和历史歌。节日来临时，小伙子和姑娘们都穿上节日盛装，成群结队前往对歌的地方。姑娘们搭起五彩绣棚，待小伙子到来，再向意中人抛出绣球，对方如果中意，就会在绣球上绑上礼物，掷还女方。

壁画艺术的瑰宝

花山崖壁画区分布在广西左江流域，距今已有两千多年的历史。左江的山崖上有大壁画64处，其中花山临江的一幅画面全长约200米，高约40米，有各种人物图像三千一百余幅。这些崖壁画多分布在下临深渊、上难攀援的河道拐弯处的绝壁之上，上有各种鸟兽和圆形图案。全部画像用赭红色单线勾勒，线条粗犷，形象传神，堪称壁画艺术中的瑰宝。

东南亚最大的天然瀑布

　　德天瀑布发源于崇左市大新县归春河，距中越边境53 号界碑约五十米，是中越边境的国界河。河水从北面奔涌而来，被高崖耸立的浦汤岛横阻，从高达五十米的山崖上跌宕而下，撞击在坚石上，水花四溅，远望似缟绢垂天，近观如飞珠溅玉。瀑布宽一百多米，纵深六十多米，是东南亚最大的天然瀑布。

德天跨国瀑布

漓江上的渔民

清、奇、巧、变的漓江景色

　　漓江是桂林山水的重要组成部分，它发源于桂林市东北兴安县的猫儿山，流经桂林、阳朔，至平乐县恭城河口，全长170千米。漓江景观以桂林到阳朔一段景色最佳，堪称世外仙源。漓江水晶莹透亮，清澈见底；岸边奇峰林立，千姿百态。漓江景致变化多端，随季节、昼夜、晴雨的不同而变化，四季有景，时时皆景。

秦代三大水利工程之一

兴安灵渠

　　灵渠位于桂林市兴安县，是秦始皇开凿的人工运河之一（始建于秦始皇三十三年，即公元前214 年）。渠分南北渠道，全长34 千米，历代都曾修浚，唐人曾设置陡门18 座，宋代为36 座。这些陡门设计科学，结构巧妙，工艺精当。启闭闸门，水位可升可降，至今仍可用于灌溉。

伏波山崖雕

因树而闻名的湖

榕湖和杉湖位于桂林市中心，两湖相通，原为古代桂林的护城河。后来桂林南城向外扩展，护城河就逐渐变为城内湖。以中山中路的阳桥为界，东湖因旧时在湖畔种有杉树而称杉湖，西湖的北岸留有一座"古南门"，门前种有大榕树，故称榕湖。据传，榕湖北岸的"古南门"为宋代时所建。门前的大榕树相传是筑城时所种的，如今，树身已达数围，枝叶婆娑。

险峰阻狂澜

伏波山位于桂林市东北，濒临漓江。每逢江水陡涨，山麓遏阻汹涌的巨澜，使江水回旋倒流，故名伏波。伏波山东面建有临江回廊、吸波茶室和听涛阁，西面有登山石阶，可达半山亭和山顶。山麓有还珠洞，洞中存有宋代书法家米芾的题词、自画像以及宋代诗人范成大的诗作。洞东面豁然开朗，外临江潭。此外，伏波山上还立有千佛岩，存有唐代摩崖造像二百余尊，皆为珍贵的文物。

伏波山状元石

广西桂林象鼻山

惟妙惟肖的象鼻山

象鼻山位于桂林市阳江和漓江汇流处，整座山像一头大象站在江边，正伸长鼻子吸水，故名"象鼻山"。山上有两个象眼岩，左右对穿，极似象眼。山下有著名的水月洞，是象鼻和象身之间的一个溜圆的大洞，洞旁的崖壁上刻有宋代著名爱国诗人陆游的诗。象鼻山东、西、北麓均有石阶通至山顶。山顶平展，绿树成荫，有明代建造的三层实心砖塔，塔身嵌有普贤菩萨像，故名普贤塔。象鼻山屹立于水边，风景秀丽，是漓江上的一大奇观。

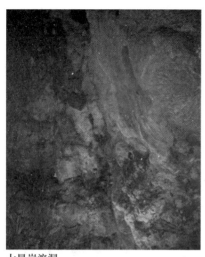

七星岩溶洞

神仙洞府

　　七星岩（隋唐称栖霞洞，宋代称仙李岩、碧虚岩。）位于桂林市七星公园内的普陀山腹，原为距今一百万年的一段古老地下河道，现已成为石灰石岩洞。七星岩自古便有"神仙洞府"的美称，以雄伟、宽广、曲折、深邃著称，是石灰岩发育较完全，景物较多，保护较完好的地下岩洞。洞内石乳、石笋、石柱、石幔、石花等景点组成一幅幅绚丽的图景，主要景点有石索悬锦鲤、大象卷鼻、狮子戏球、仙人晒网、海水浴金山、南天门、银河鹊桥、女娲殿等，琳琅满目，美丽壮观。

梯田世界之冠

　　龙脊梯田位于桂林市龙胜各族自治县南的和平乡，其梯田如链似带，从山脚盘绕到山顶，小山如螺，大山似塔，层层叠叠，高低错落。龙脊梯田集壮丽与秀美为一体，线条似行云流水，规模宏大，气势磅礴，被誉为"梯田世界之冠"。这里的风光四季不同。春天水满田畴，如串串银链山间挂；夏日佳禾吐翠，似排排绿浪从天而泻；金秋稻穗沉甸，像座座金塔顶玉宇；隆冬雪兆丰年，若环环白玉砌云端。

五彩斑斓的梯田

太平军起义发源地

　　太平天国金田起义遗址位于桂平市以北27公里的金田镇，现有洪秀全像及古营盘、起义陈列馆、韦昌辉故居、练兵场、三界祖庙、风门坳古战场、犀牛潭等多处遗址。公元1851年，洪秀全领导的太平军在广西金田镇起义，起义军北上后，清军将全村二百余间房屋尽行焚毁。1987年，金田人民按原貌将故居修复，如今，金田起义旧址已被列为"全国重点文物保护单位"。

风格独特的壮族服饰

　　在壮族聚居的村落，男子多穿青布对襟上衣，有的还以布帕缠头。壮族妇女多穿无领斜襟绣花滚边的上衣，下身穿绣花滚边宽脚的裤子或青蜡染的褶裙，腰束绣花围腰，脚穿绣花鞋，头上缠各式方巾，喜欢戴银首饰。居住在龙州、凭祥一带的壮族妇女，喜欢无领斜襟的黑色上衣和黑色宽脚的裤子，头上包着方形的黑帕。壮族妇女擅长织布和刺绣，所织壮布和壮锦，花样新颖，为服饰增添了不少色彩。

晨曦中的风雨桥

世界罕见的峡谷风光

百崖大峡谷位于来宾市武宣县河马乡境内,为广西区级风景名胜区。景区最高海拔1200米,主峡谷全长10千米,计有37道弯、10多处瀑布、7处深潭以及数以百计的峡谷,被誉为"世界罕见的峡谷风光"。景区内林木葱郁,怪石嵯峨,主要景点有天女散花、鸳鸯瀑、西王瀑以及太平天国西王肖朝贵故居遗址。其中山林景区有狮子望月、劈山救母等景点。河段景区有百崖峡、天门关、百丈石峡、九龙溪等景点。

山雨欲来风满桥

程阳风雨桥位于柳州市三江侗族自治县林溪河上,是一座四跨石墩伸臂木梁桥,全长76米,分4个桥孔,每孔净跨12.2米。桥下5个桥墩之上各建有一座宝塔型桥亭,桥亭檐层层向上,如翼欲飞,宏伟壮观。整个桥梁建筑未用一颗铁钉,全部用榫槽结合或竹木梢钉定制而成,但结构却十分牢固,显示了侗族人民的高度智慧。

绮丽绚烂的北海银滩

滩平、沙细、水净、浪柔的银滩

北海银滩位于北海市南面,距市中心约10千米。银滩以"滩长平、沙细白、水温净、浪柔软、无鲨鱼、坡度缓、无礁石"而著称,其沙滩绵延24千米,宽300米~7000米不等,总面积超过了北戴河、青岛、大连、烟台、厦门海滨沙滩面积的总和。银滩水势由浅入深,浅水区范围广阔,常年水温为15℃~30℃,一年中有9个月可以下海洗浴。

北海银滩

台湾 | Taiwan

台湾省岛屿众多，景点分布广泛，各主要城市多人文景观，中部山区及沿海地区则以自然风光取胜。省内高山族等少数民族，民风古朴，热情好客。

台湾台北音乐堂

岛屿众多的省份

台湾省包括台湾岛、临近属岛和澎湖列岛等八十多个岛屿。其中台湾岛是我国最大的岛屿，南北长约三百九十千米，环岛周长1139千米。台湾省地形多样，东部和中部为山地，西部为平原，二者之间为丘陵地带，其中山地约占全省总面积的2/3。此外，台湾省内河流多发源于中部山地，向西分流入海。

行政区划

台湾省辖台北、高雄、基隆、新竹等市，宜兰、桃园、彰化、南投以及金门、马祖等县。

台湾忠烈祠

台湾台北夜景

档案馆	
简　　称	台
省　　会	台北
面　　积	3.6188万平方千米
常住人口	2252.08万（2002年统计）
民　　族	汉、高山等

台湾西海岸

精美台菜

台湾菜沿袭了福建菜的做法，其烹饪风格具有闽菜 "汤汤水水、精于调味"的特色。由于台湾四面环海，养殖、近海、远洋渔业相当发达，鱼、虾、蟹等海鲜便成为台菜的招牌之一，以清爽不腻、色鲜味美著称。台湾特色菜还有菜脯蛋、瓜仔肉、小鱼花生等乡土菜，姜丝大肠、高丽菜封等客家菜，高冷香鱼、炒山苏等原住民菜。

台湾最具特色的传统民俗活动

花莲县的阿美族丰年祭是台湾省最具特色的传统民俗活动。丰年祭于每年农历七八月举行，是为感谢神灵恩赐五谷而举行的盛大祭典。祭典为时三天：第一天首先由长老点燃火把，揭开祭典的序幕，然后是巫师供献祭品及热闹的运动大会；第二天为原始民俗舞蹈、音乐表演；第三天是亲友互访，以联络感情。

水果之乡

台湾省四季鲜果不断，品种繁多，口味尤佳。春有梨、桃；夏有西瓜、木瓜、哈蜜瓜、菠萝、芒果、荔枝、龙眼；中秋节时文旦是应时的水果；初冬有柳丁、葡萄。台湾省出产祖国南方地区所有的水果品种，因此享有 "水果之乡"的美名。

> ### 时空隧道
>
> 台湾是中国第一大岛屿，自古以来就是中国的领土。1624年，荷兰殖民者入侵台湾，郑成功也出生在这一年，少年时代的他亲眼目睹了侵略者掠夺沿海居民的暴行，立志赶走侵略者，维护民族尊严。1661年4月21日，已成为明朝大将的郑成功亲自率领将士2.5万人，分乘战船350多艘，进攻台湾，大败荷兰军。第二年，荷兰殖民者被迫从台湾撤走，郑成功收复台湾，成为我国历史上杰出的民族英雄。

台湾台北广场

台湾日月潭

巧夺天工的日月潭

日月潭是台湾省著名的风景区，为"台湾八景"之一，也是台湾岛上唯一的天然湖泊。潭中有一个小岛，远看好像浮在水面上的一颗珠子，故名珠仔岛（现在叫光华岛）。以此岛为界，北半湖形如日轮，南半湖状似上弦之月，故名"日月潭"。日月潭景区中的著名景点"双潭秋月"是旧台湾八景之一，日月潭潭水澄碧如玉、晶莹清澈，四周翠山环抱，林木葱郁，幽雅宁静。

台湾阿里山

林木宝库阿里山

阿里山在嘉义县东北，是尖山、祝山、塔山等18座山的总称，境内拥有森林、云海和日出三大奇观。阿里山上建有高山博物馆，陈列着各种奇木异树；高山植物园内种有热带、温带、寒带数百种植物，堪称"林海"，其中台湾杉、铁杉、红桧、扁柏和小姬松是世界罕见的高级建筑木材，被称为阿里山特产"五木"。天气晴朗之时，登上阿里山的塔山，可饱览千变万化的云海奇观。此外，阿里山中的祝山，是观日出的最佳地点。

东方文物宝库

台北故宫博物院收藏了数十万件珍贵文物，后又经过派员到世界各地搜集散落的中华古代文物，台北故宫博物院馆藏量现已达六十二万件以上，成为一座巨大的文物宝库。博物院主要馆舍均设于山间隧道之中，拥有现代化的安全设施和防潮、防腐设备，一次可展出展品约二万件。

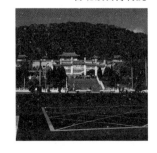
台北故宫博物院

台湾孔庙

"台湾文庙之宗"

台湾孔庙又称文庙，始建于明朝。孔庙是由郑成功部将陈永华倡议修建的，它是全台湾最早的文庙，也是台湾在清朝末年最高的官办学府，故有"全台首学"之称。建筑以主祀和大成殿为主体，大成殿以伸出厚墙的挑梁来支撑，殿梁上悬挂着很多清朝皇帝钦赐的御匾。孔庙气势恢弘，文物众多，不愧为"台湾文庙之宗"。

中国宫殿式纪念馆

"国父纪念馆"位于台北市仁爱路中山公园内，建成于1972年，为中国宫殿式建筑。全馆用地约四万平方米，宏伟博大。纪念馆入门的大纪念厅内安置着孙中山先生的纯铜坐姿塑像，高5.8米，重17吨。大厅分为上下两层，下层为大会堂，上层为图书馆，藏书14万册。纪念馆内四大展览室装饰精美，经常展示现代名家艺术品。馆外中山公园环绕，林木葱翠，景色怡人。

险似铁桶的大峡谷

太鲁阁大峡谷位于花莲县境内，长20千米，包括燕子口、天祥、大断崖、九曲洞等景观。其中燕子口是一系列长短隧道，因燕子在石洞里筑巢而得名；天祥是为纪念民族英雄文天祥而设置的景区，内有文天祥塑像及公园。另有大断崖、九曲洞等景区，地势险峻、景物雄奇。

台湾太鲁阁峡谷

国父纪念馆

台湾祭祖风俗

台湾人有着祖先崇拜的观念。在台湾，家家都供奉着祖先的灵堂牌位，凡遇重大事件或节日，人们都要祭祖问安。续祖谱和传统的祭祖方式，仍在台湾民间传承。台湾寺庙多、信徒多，所崇拜的神灵集儒、道、释于一体，还有许多自然神，其中香火最旺的莫过于妈祖庙。

图书在版编目（CIP）数据

游遍中国／龚勋主编．—汕头：汕头大学出版社，
2012.2（2021.6重印）
（中国学生最想去的100个最美的地方）
ISBN 978-7-5658-0652-0

Ⅰ．①游… Ⅱ．①龚… Ⅲ．①旅游指南-中国-青年读物②旅游指南-中国-少年读物 Ⅳ．①K928.9-49

中国版本图书馆CIP数据核字（2012）第020918号

游遍中国 （中国学生最想去的100个最美的地方）

YOU BIAN ZHONGGUO ZHONGGUO XUESHENG ZUIXIANG QU DE 100 GE ZUIMEI DE DIFANG

总 策 划	邢 涛	印 刷	唐山楠萍印务有限公司
主 编	龚 勋	开 本	705mm×960mm 1/16
责任编辑	胡开祥	印 张	10
责任技编	黄东生	字 数	150千字
出版发行	汕头大学出版社	版 次	2012年2月第1版
	广东省汕头市大学路243号	印 次	2021年6月第7次印刷
	汕头大学校园内	定 价	34.00元
邮政编码	515063	书 号	ISBN 978-7-5658-0652-0
电 话	0754-82904613		